EAT. SLEEP. SOCCER. REPEAT.

This Journal Belongs To:

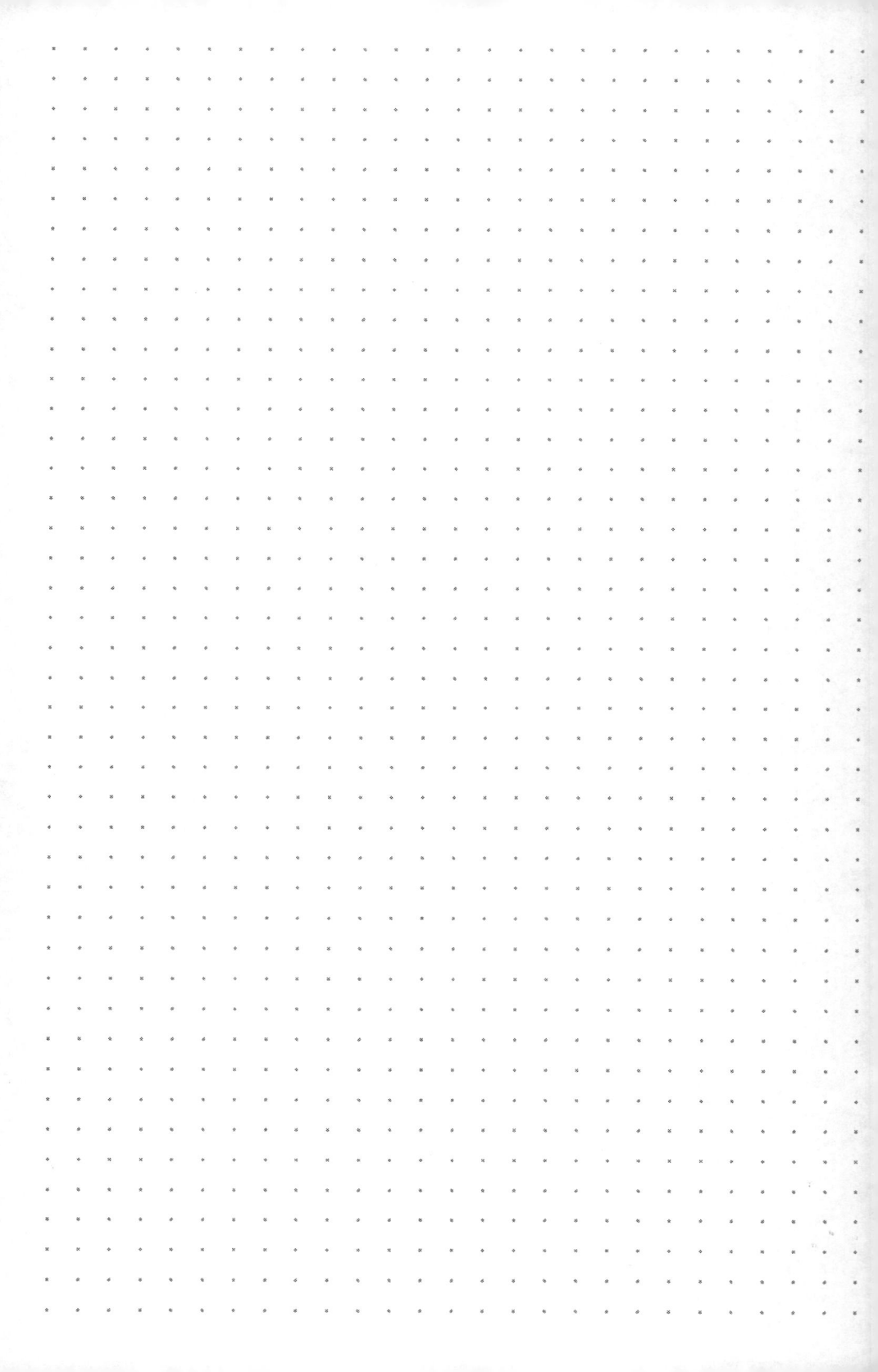

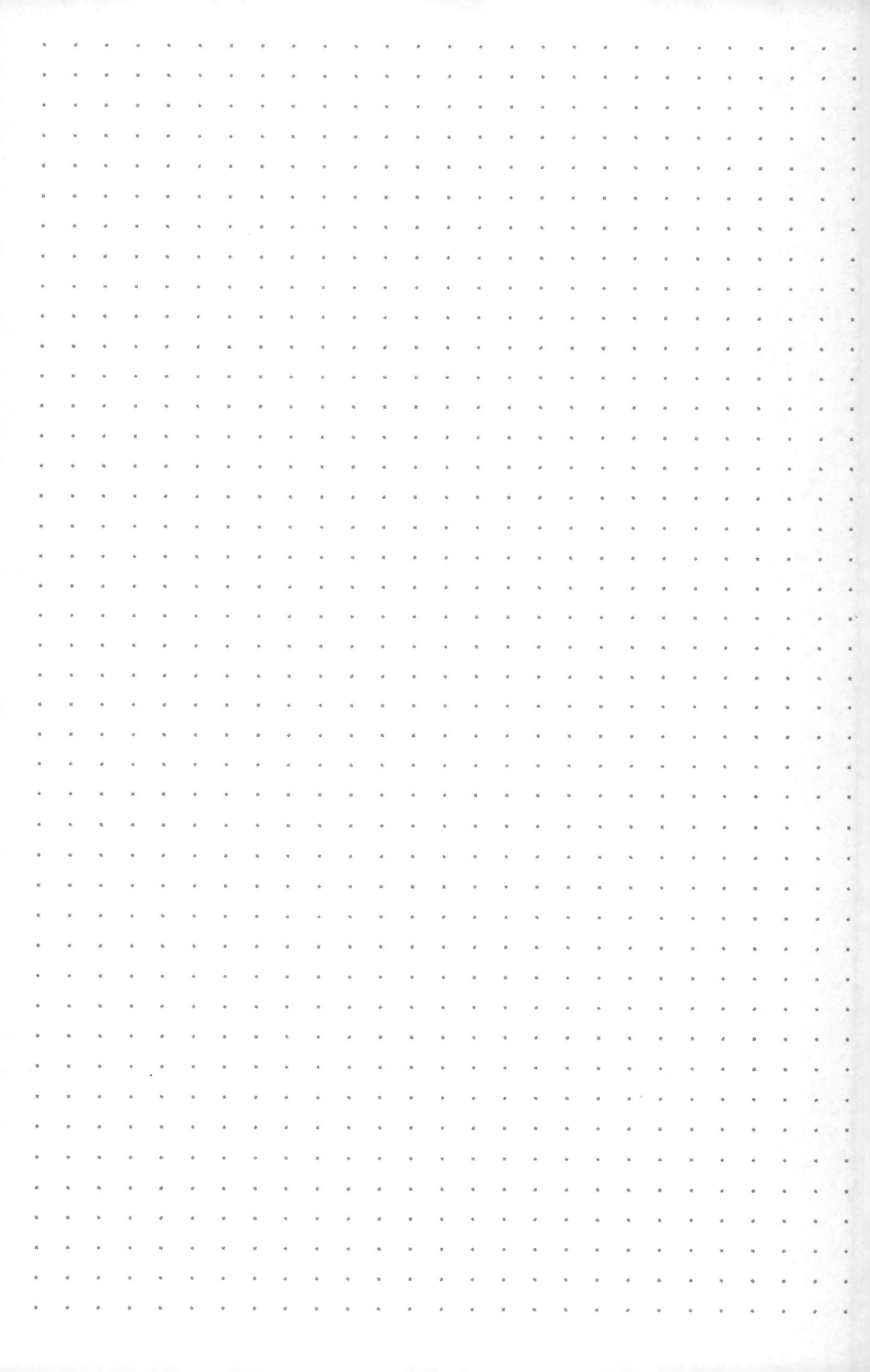

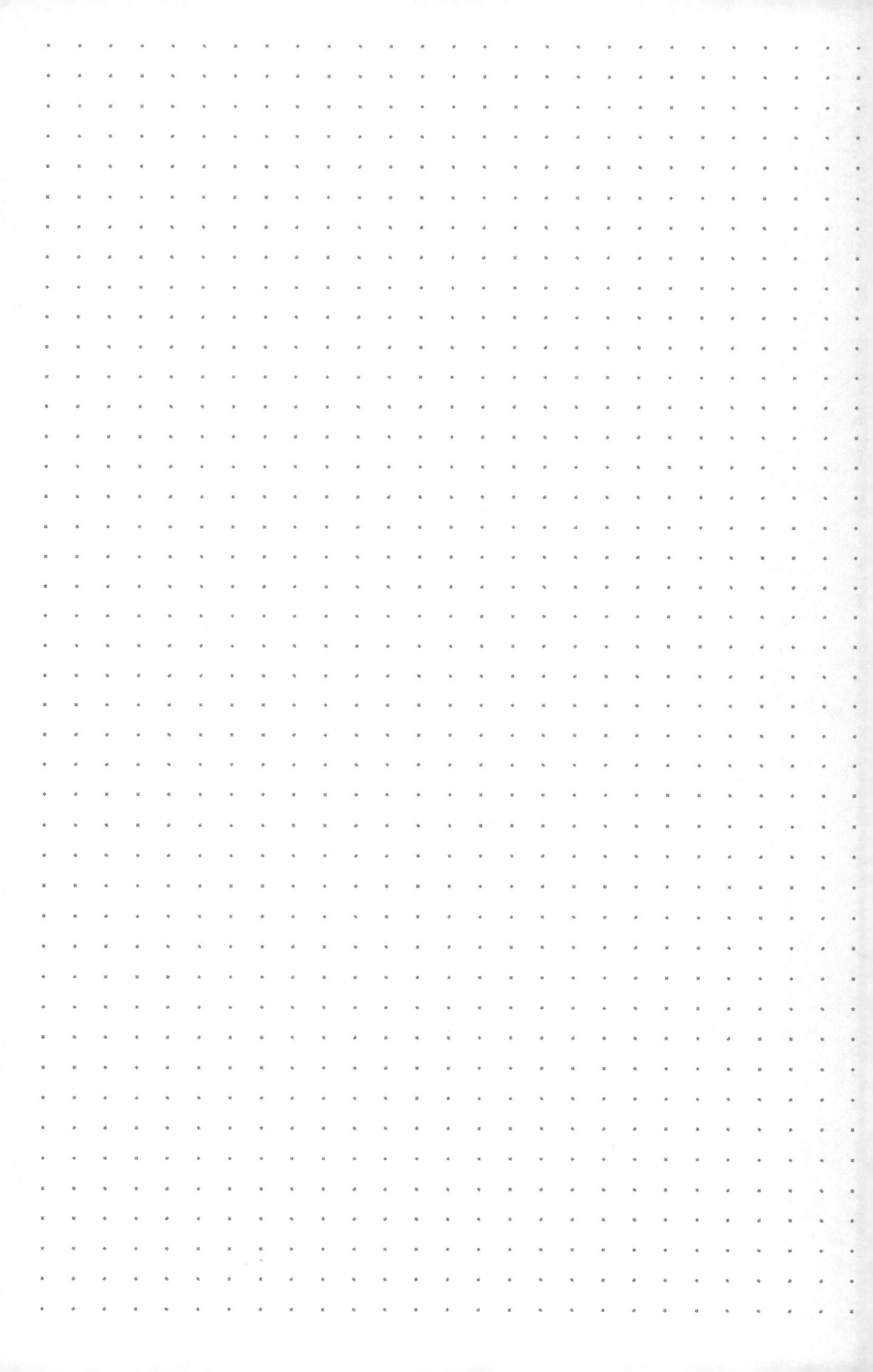

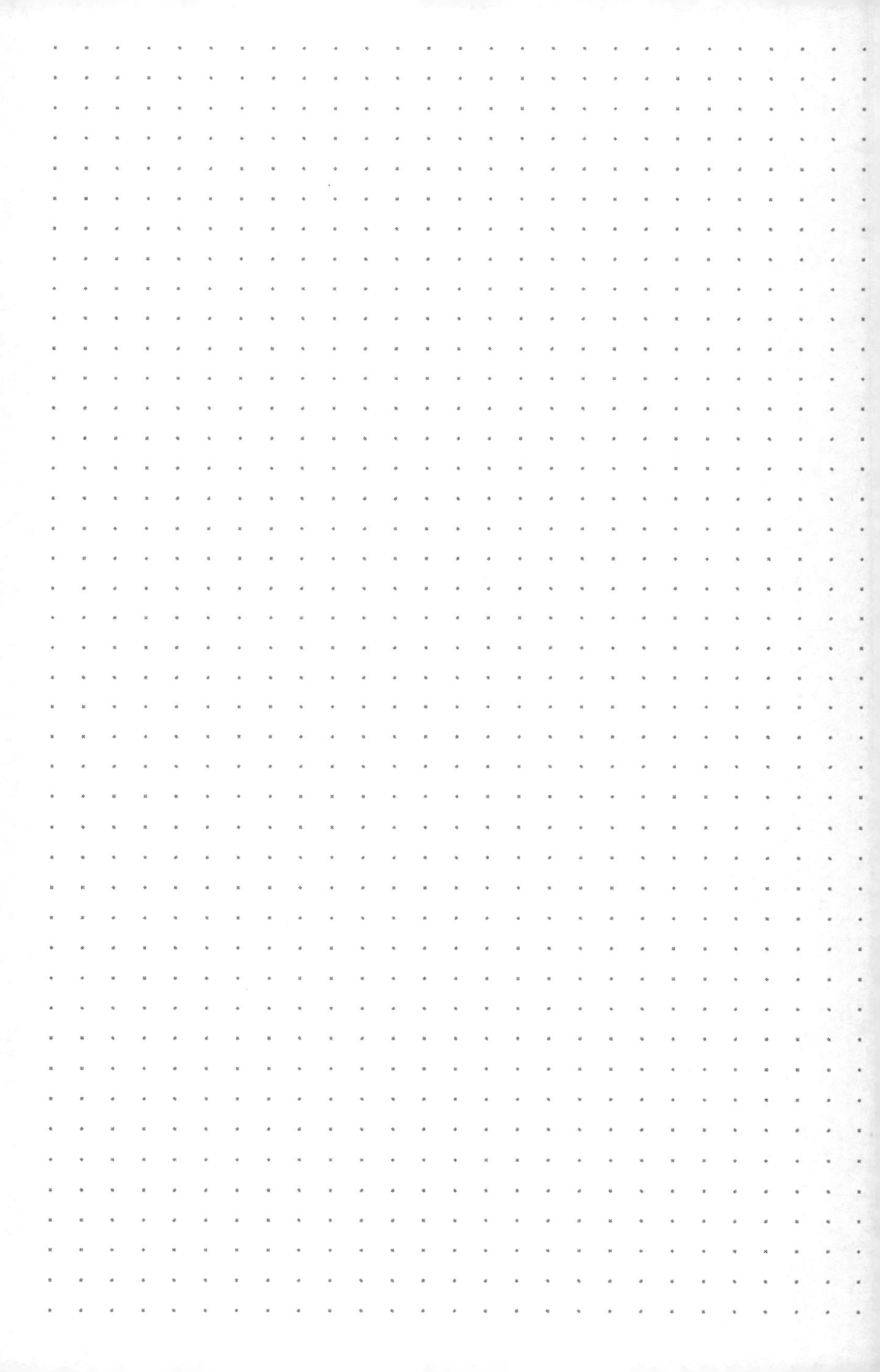

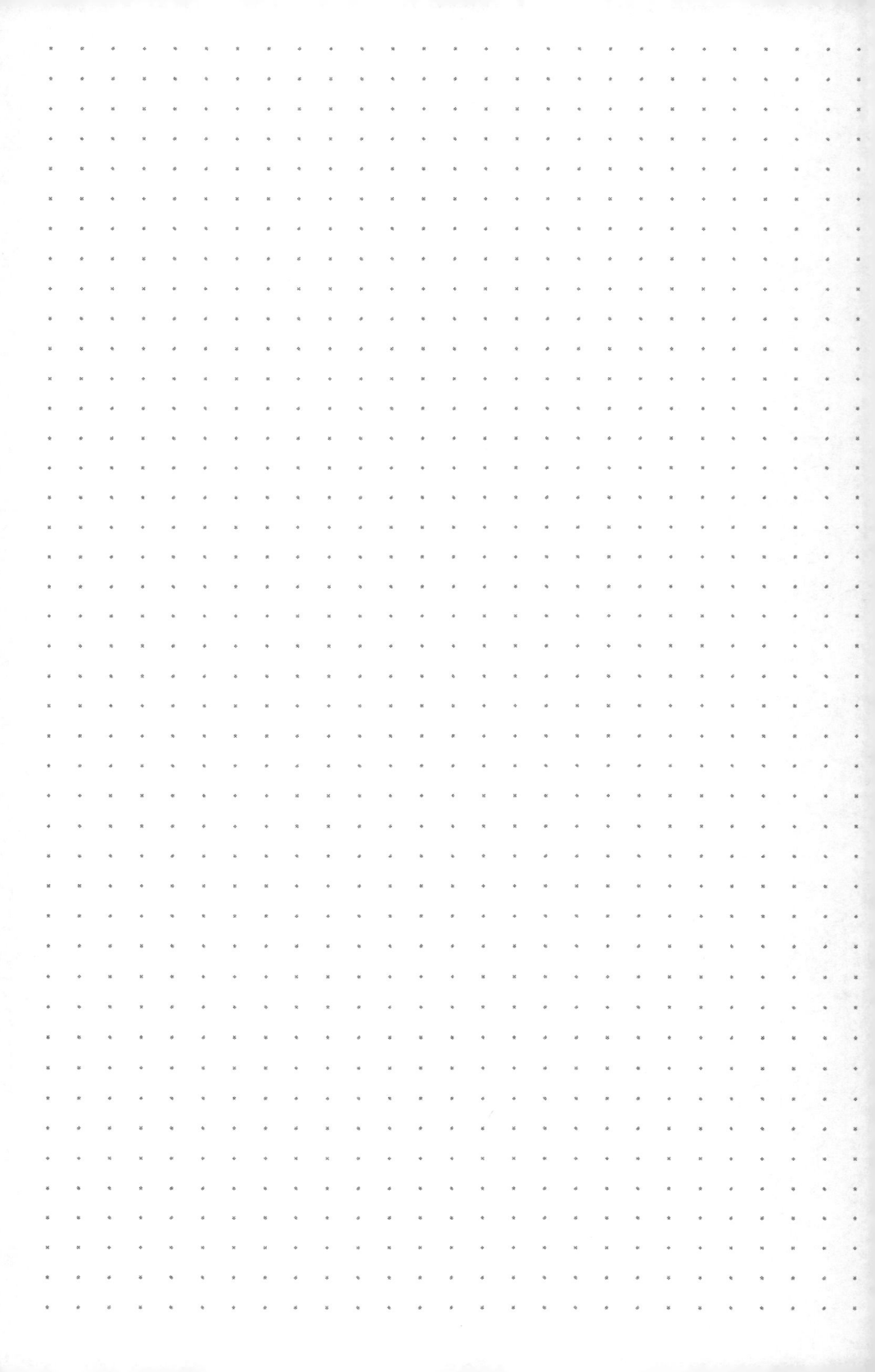

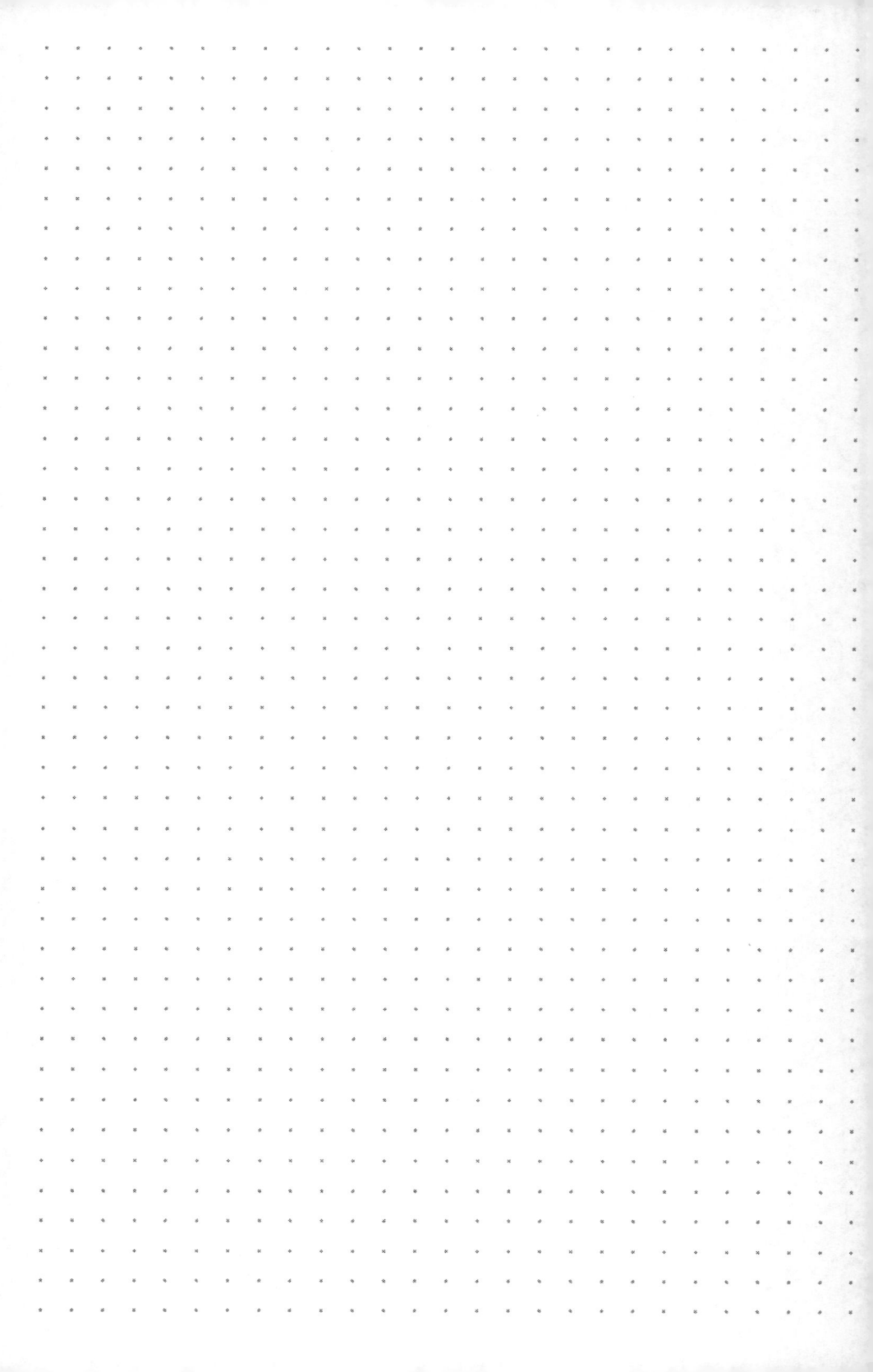

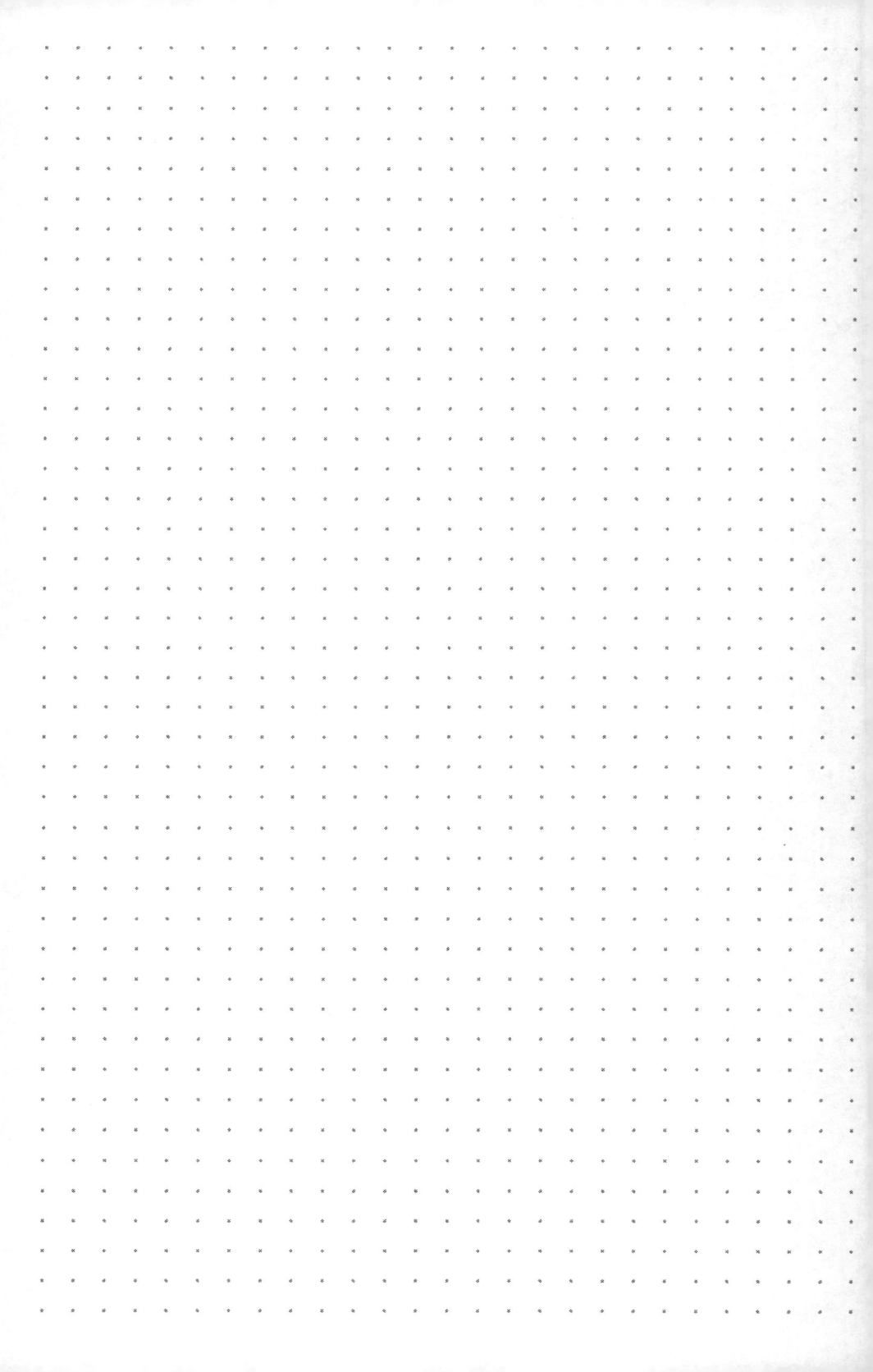

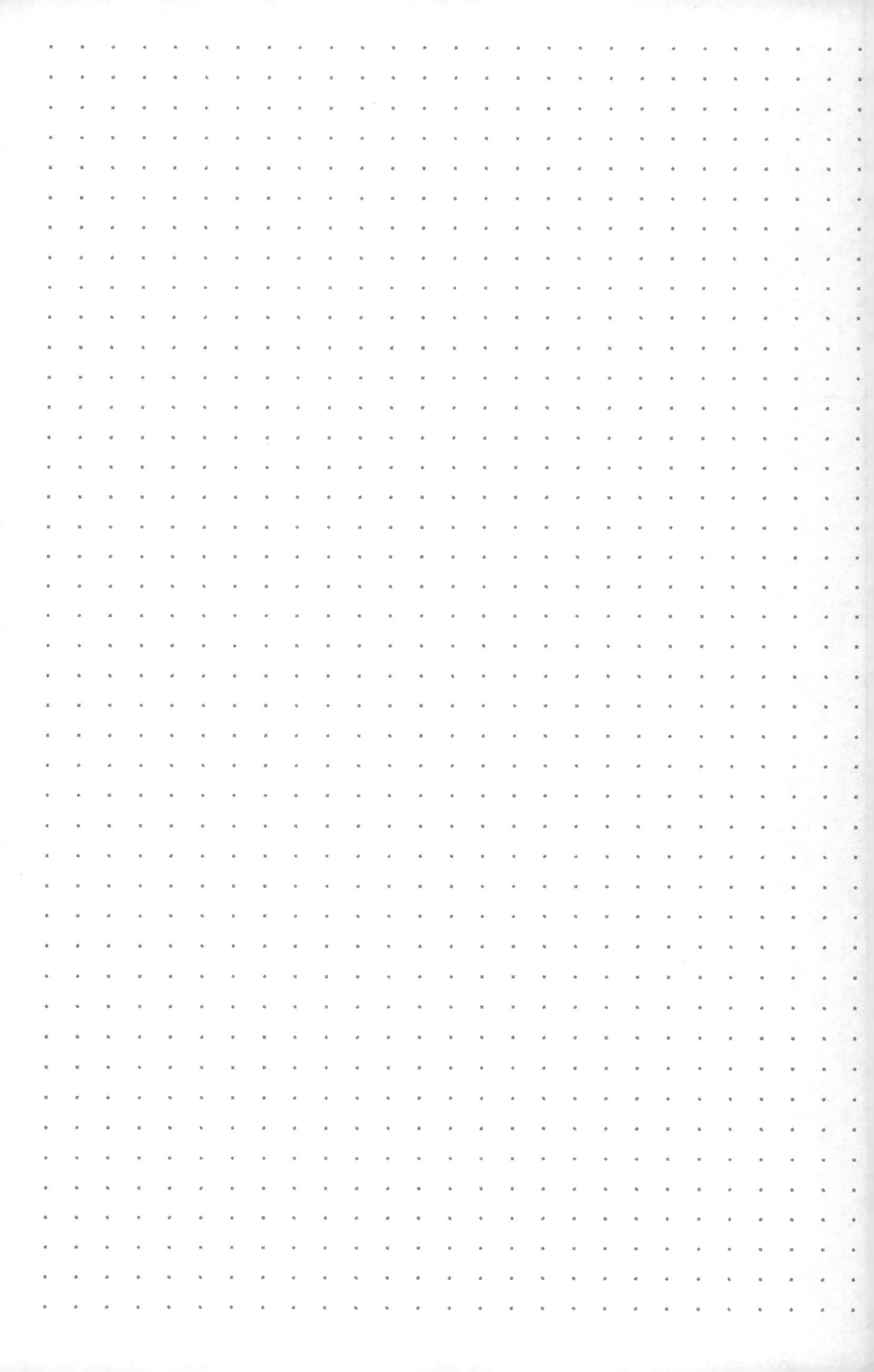

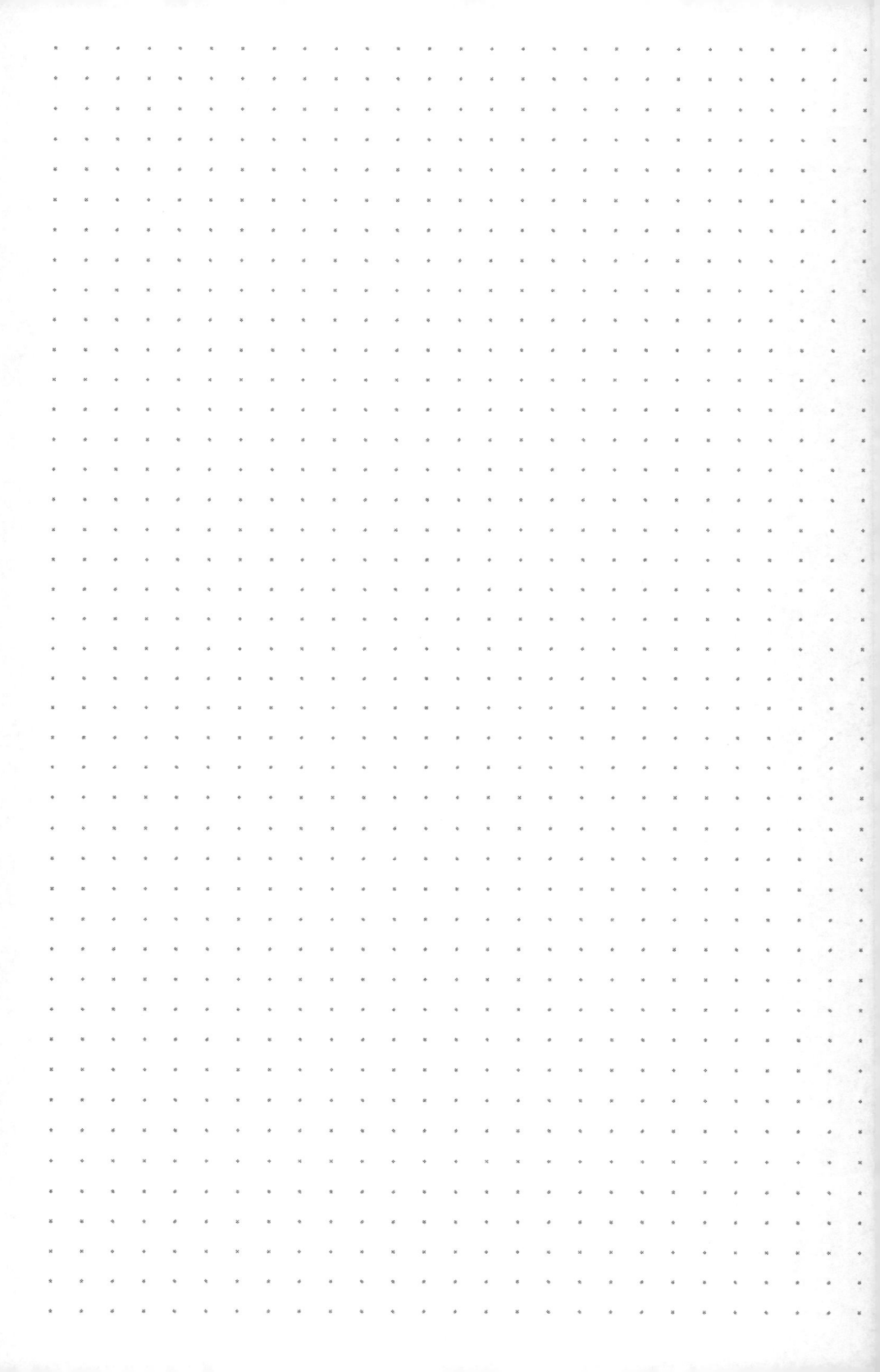

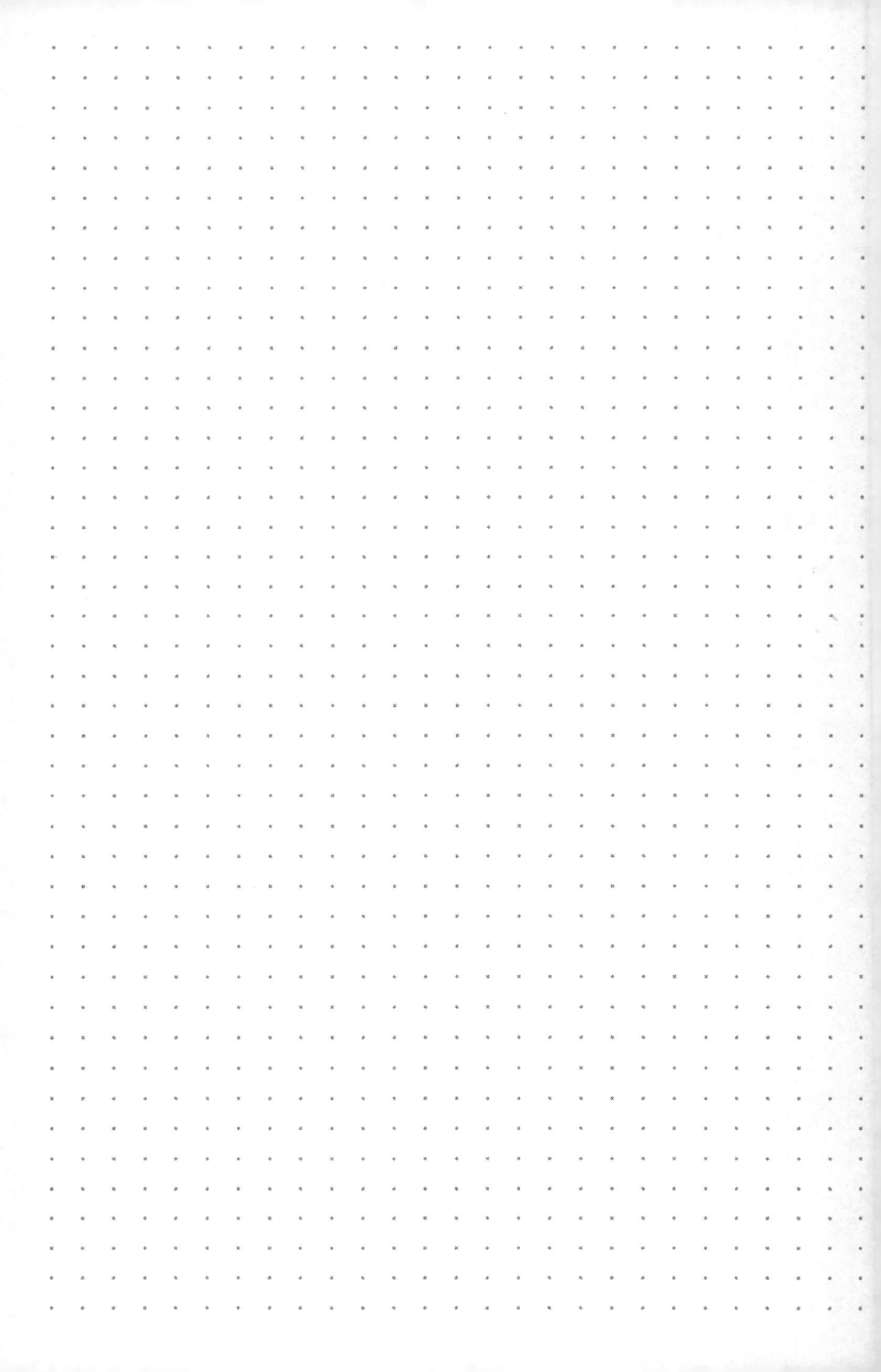

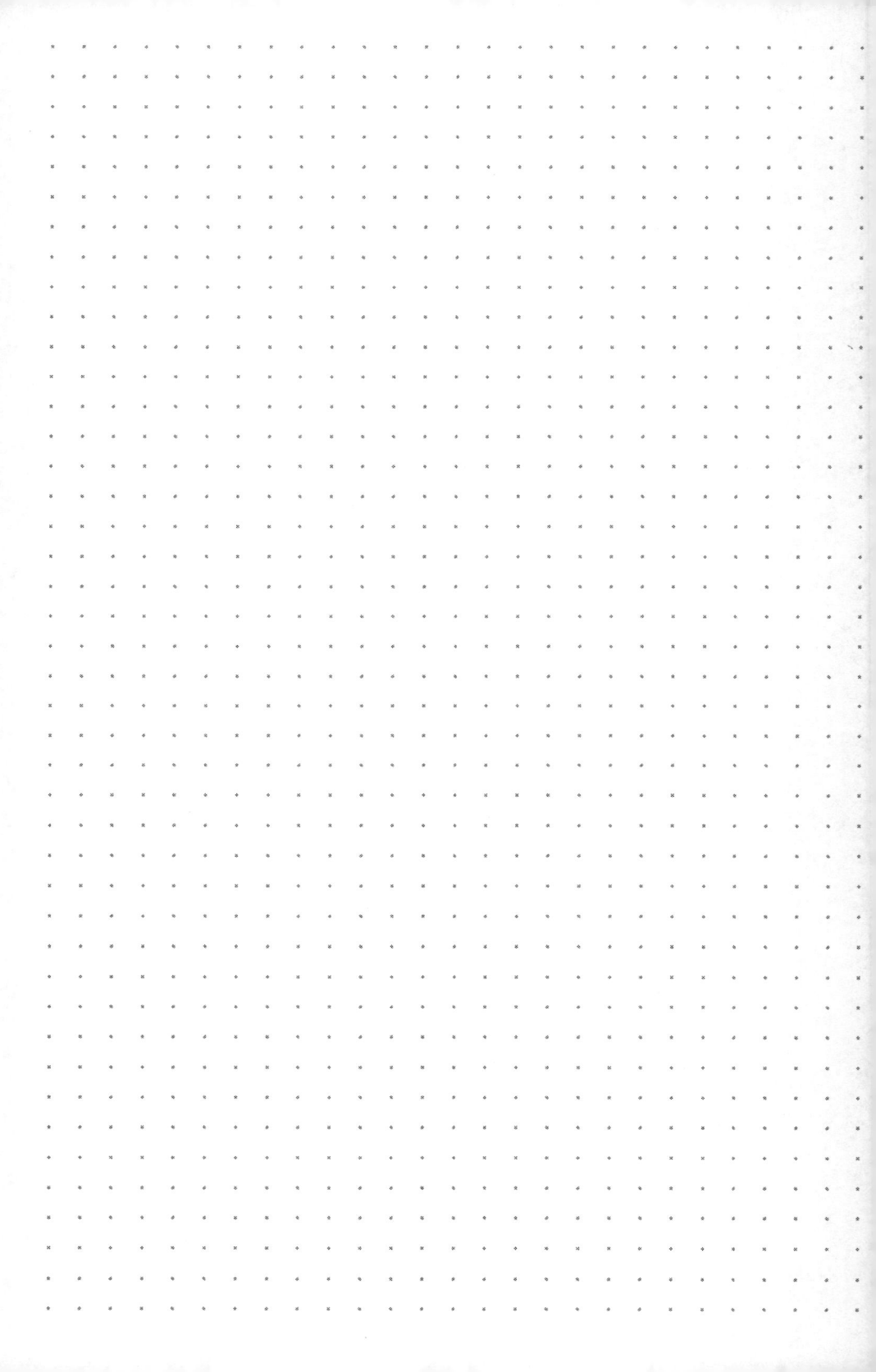

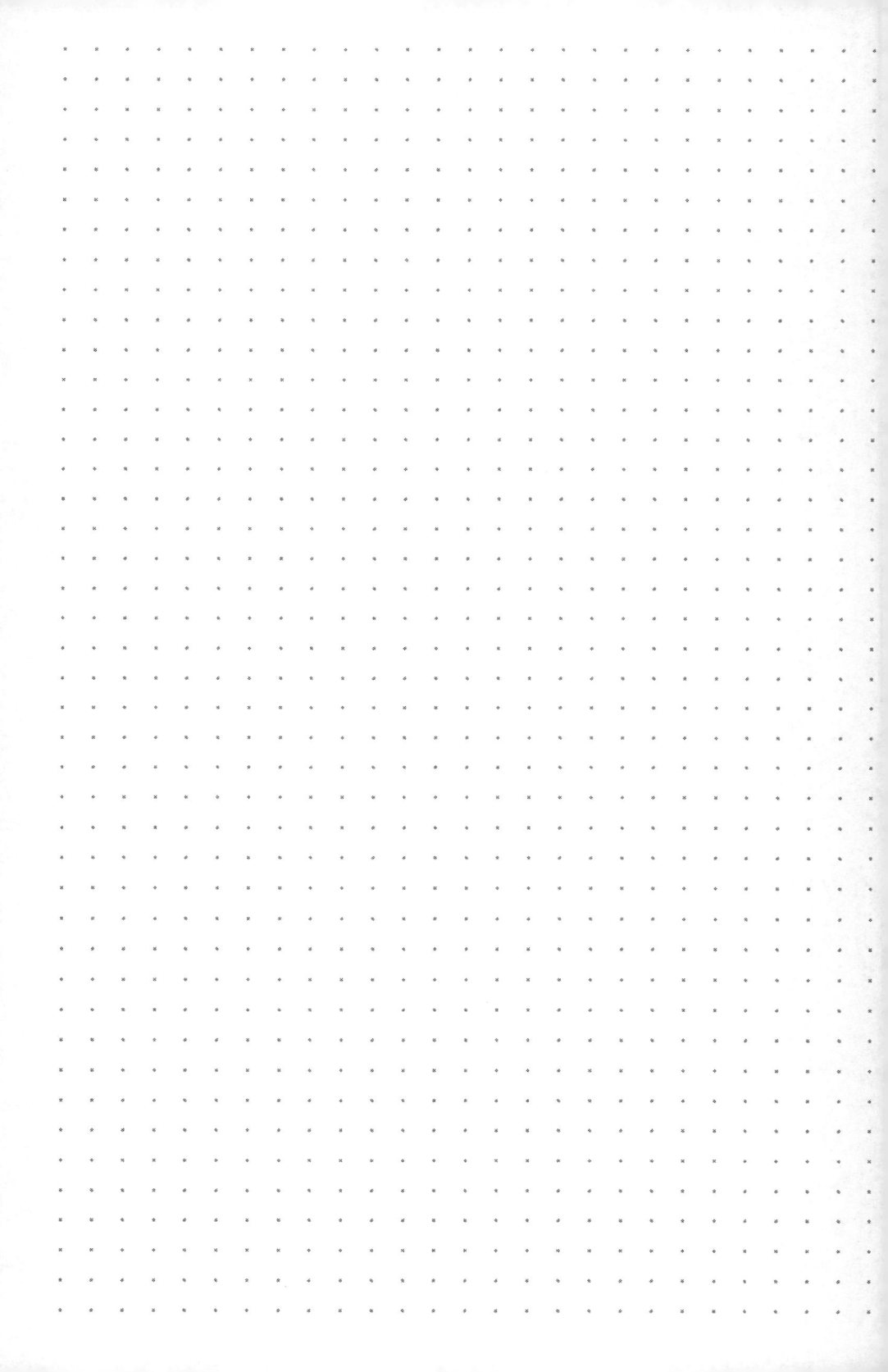

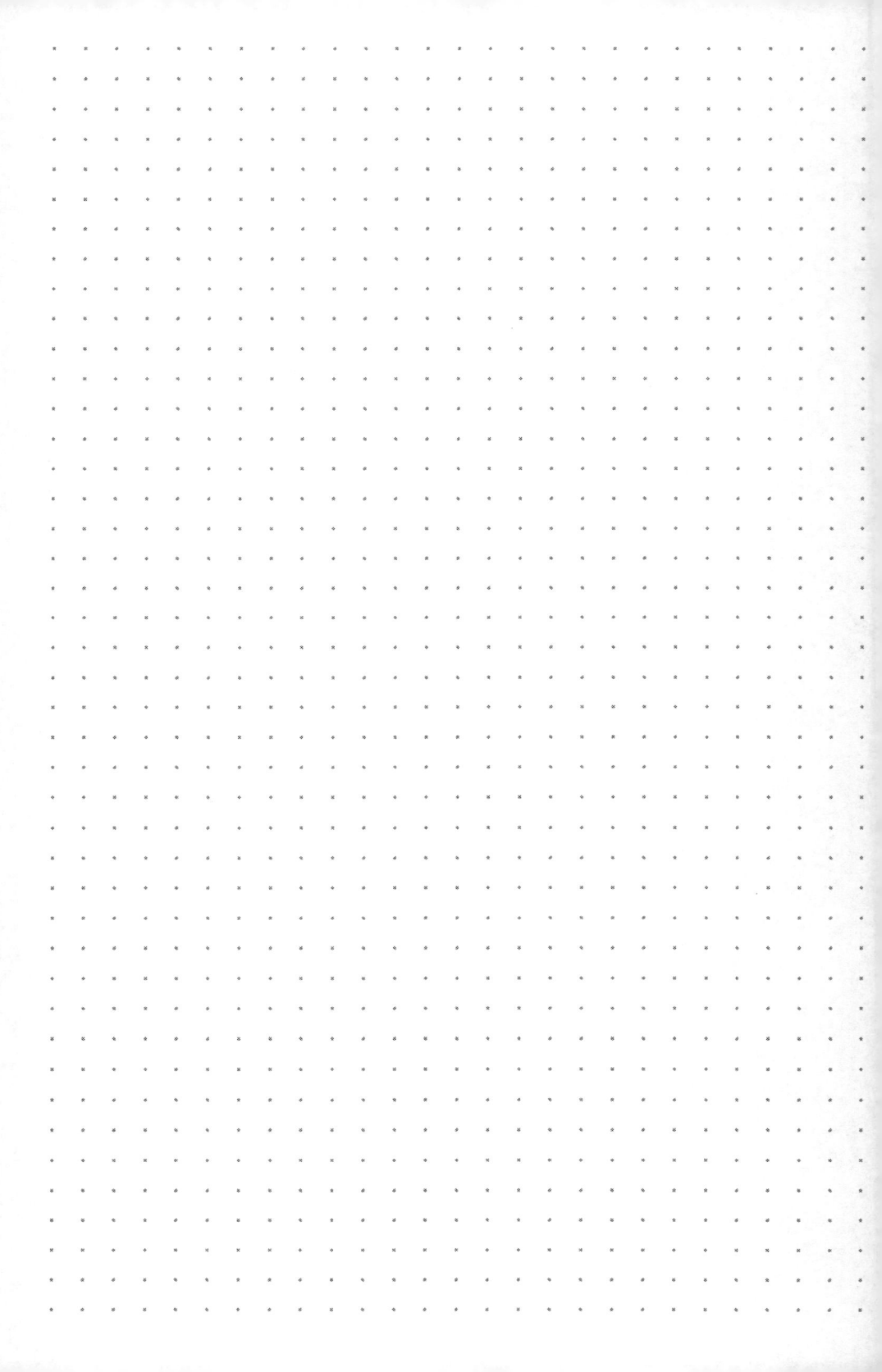

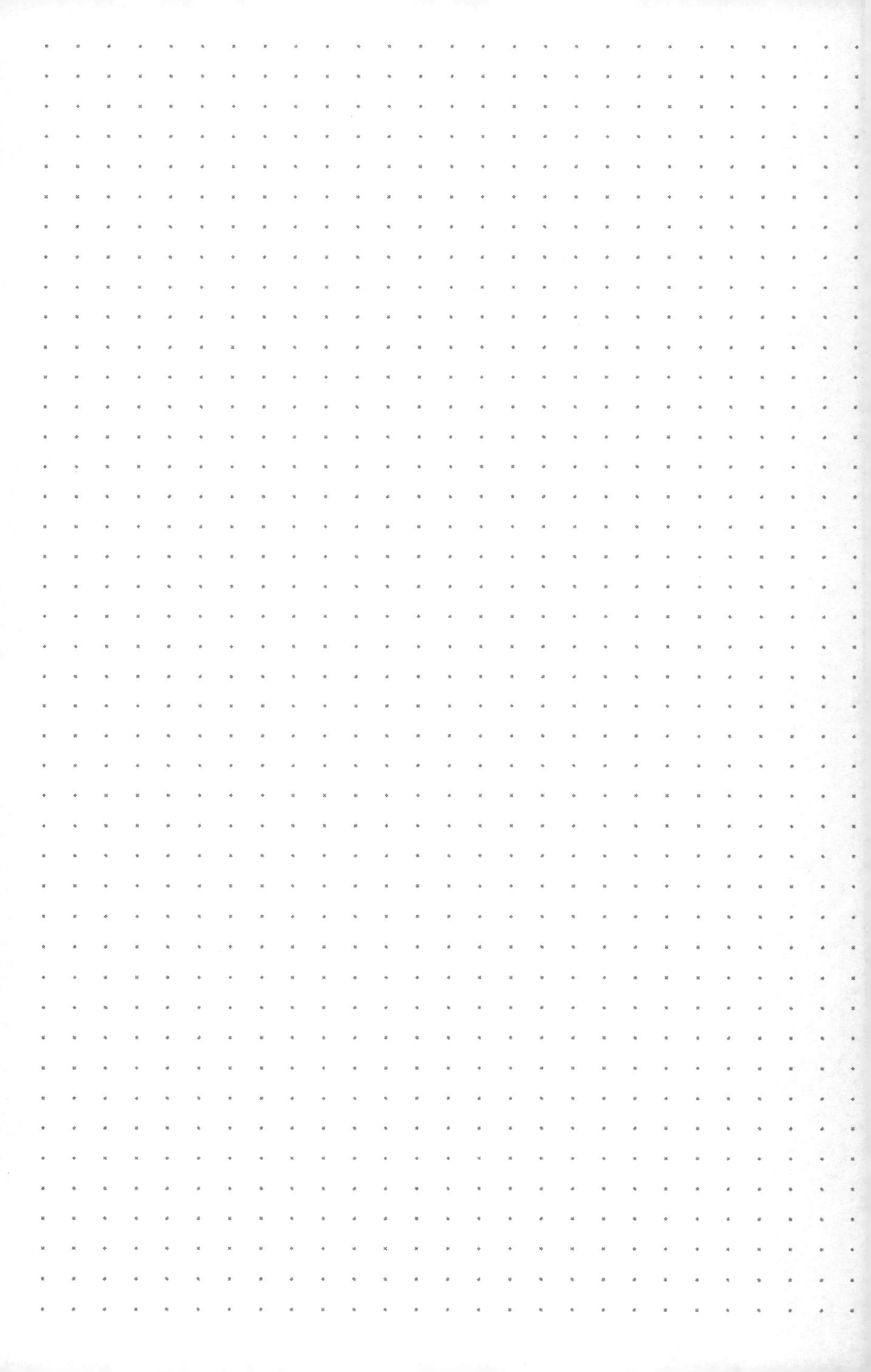

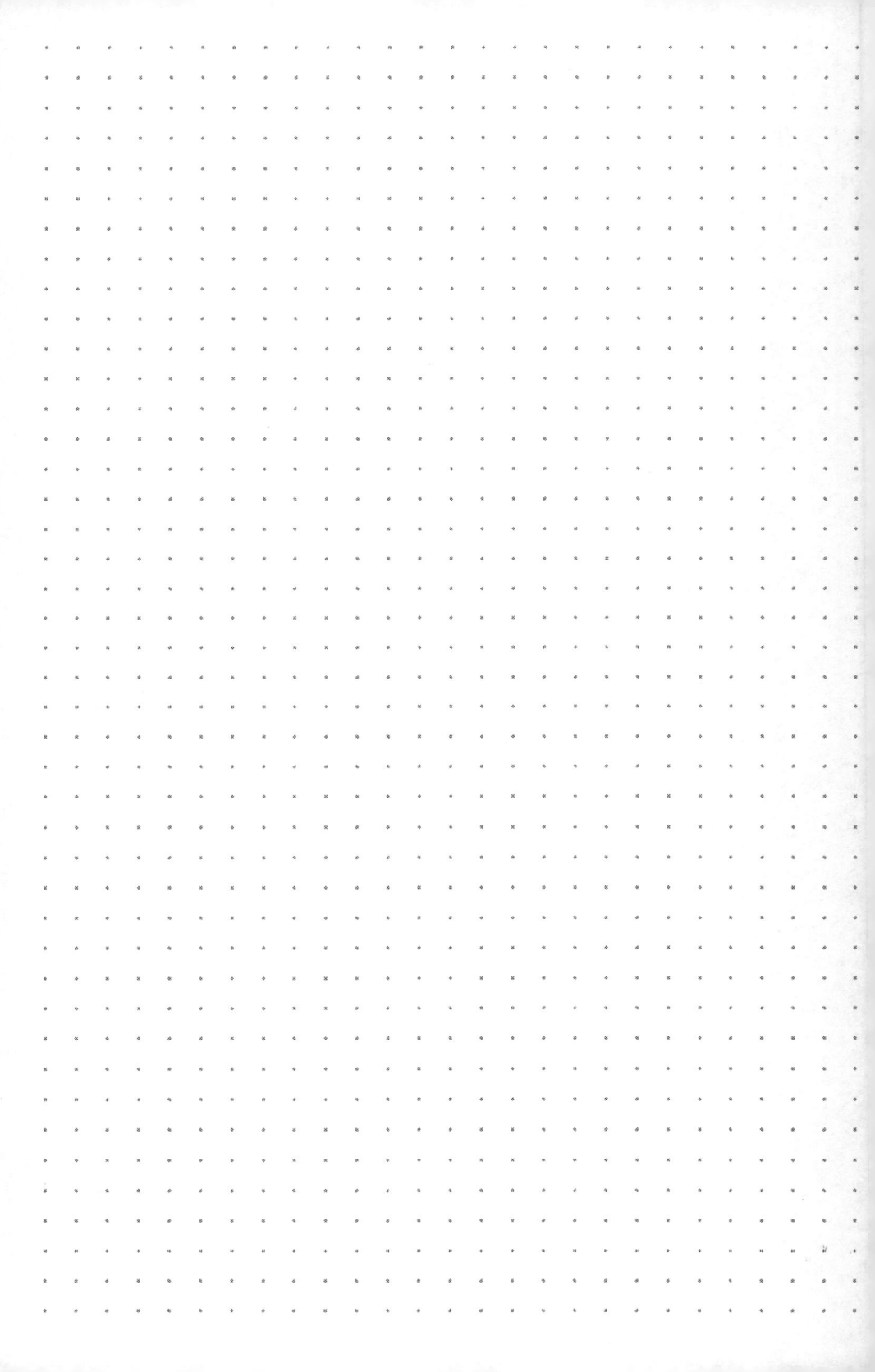

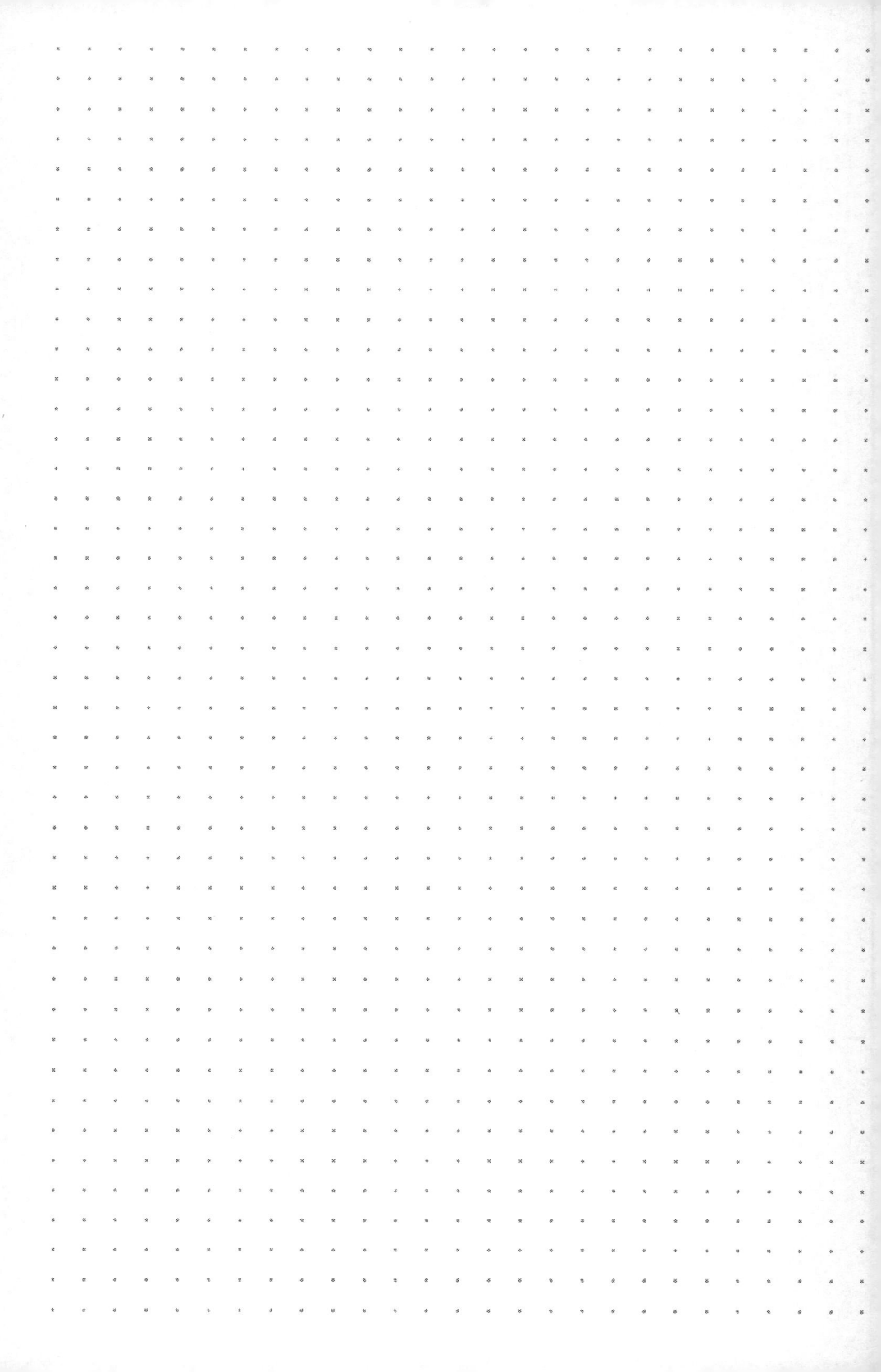

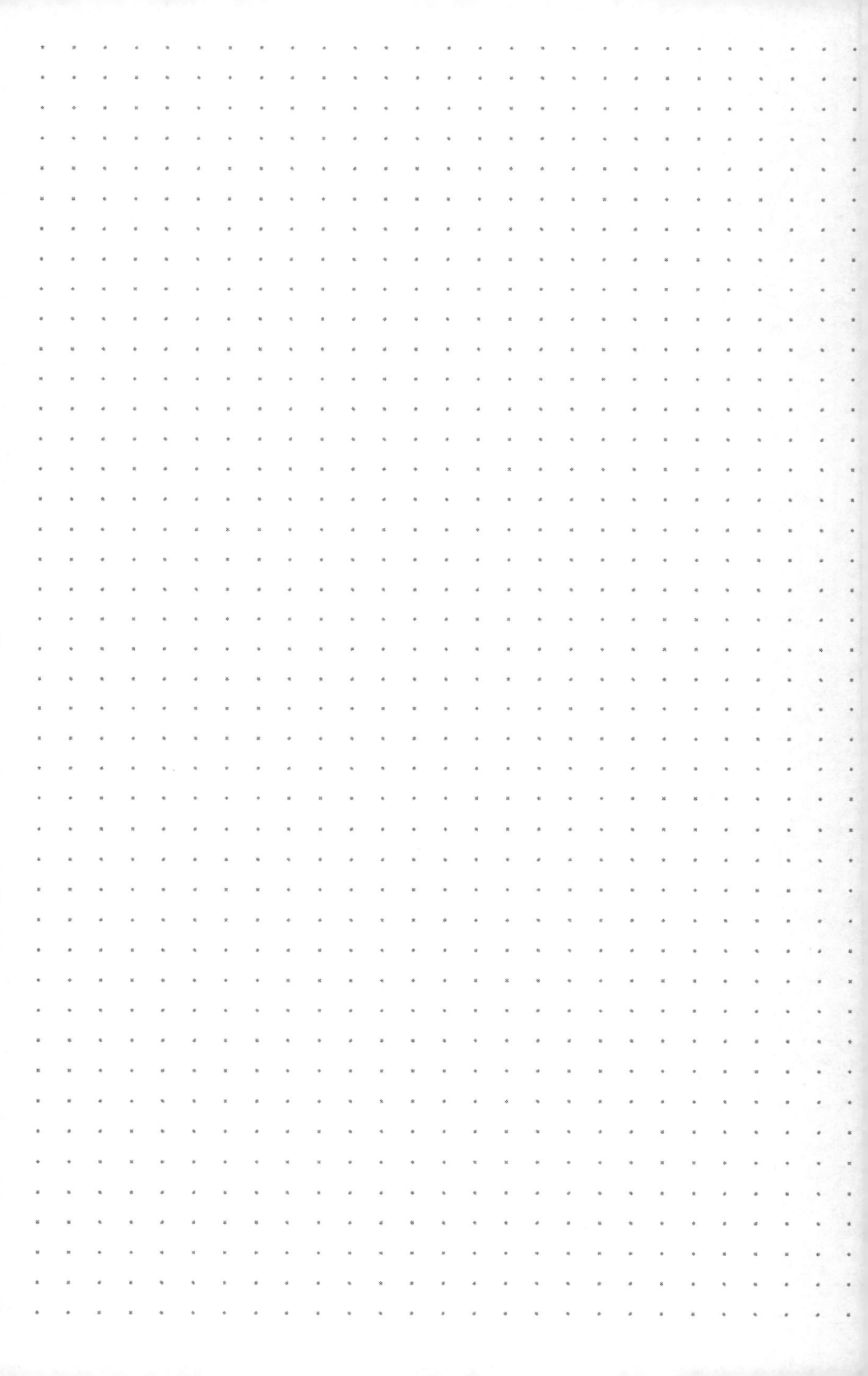

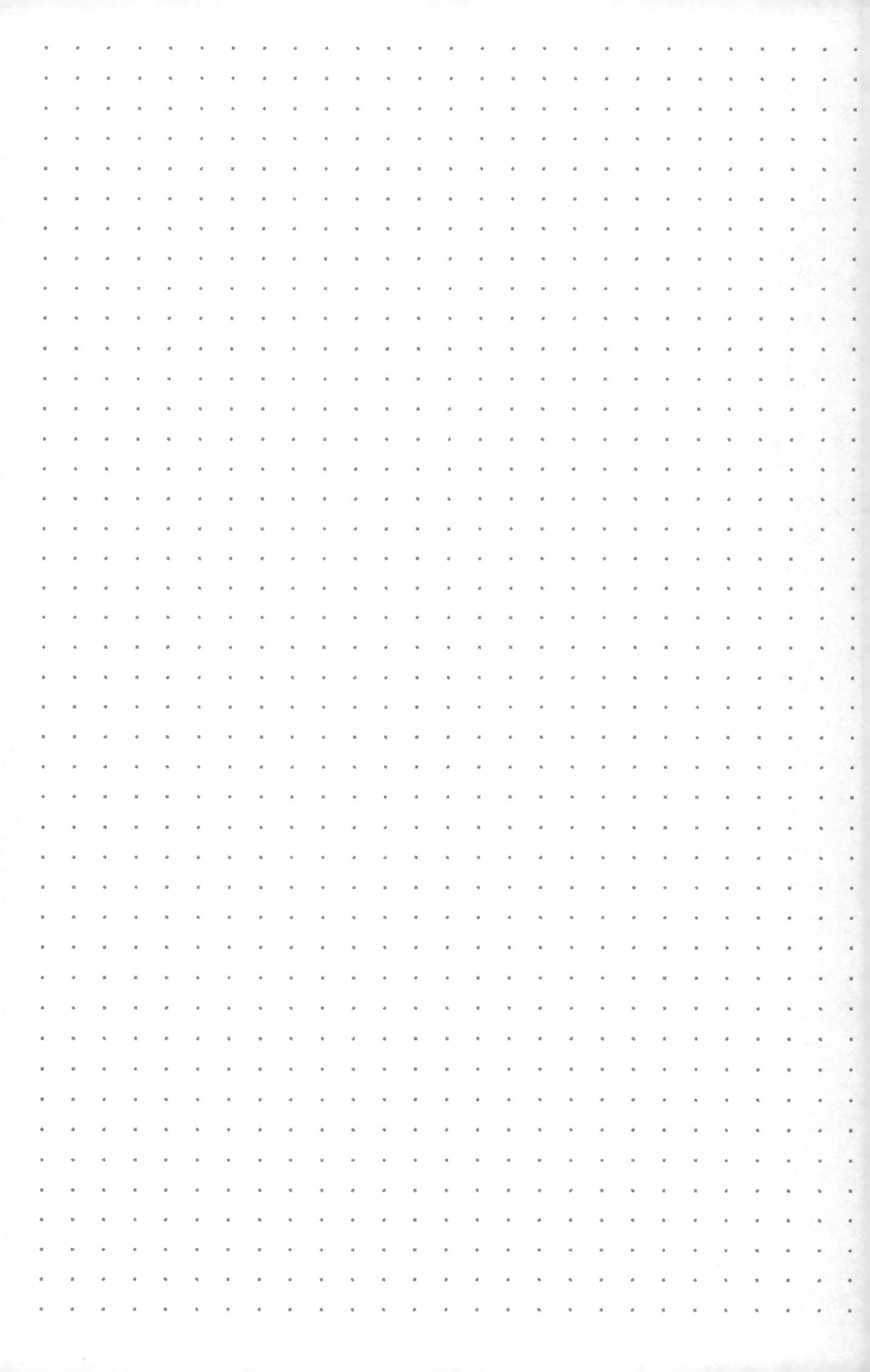

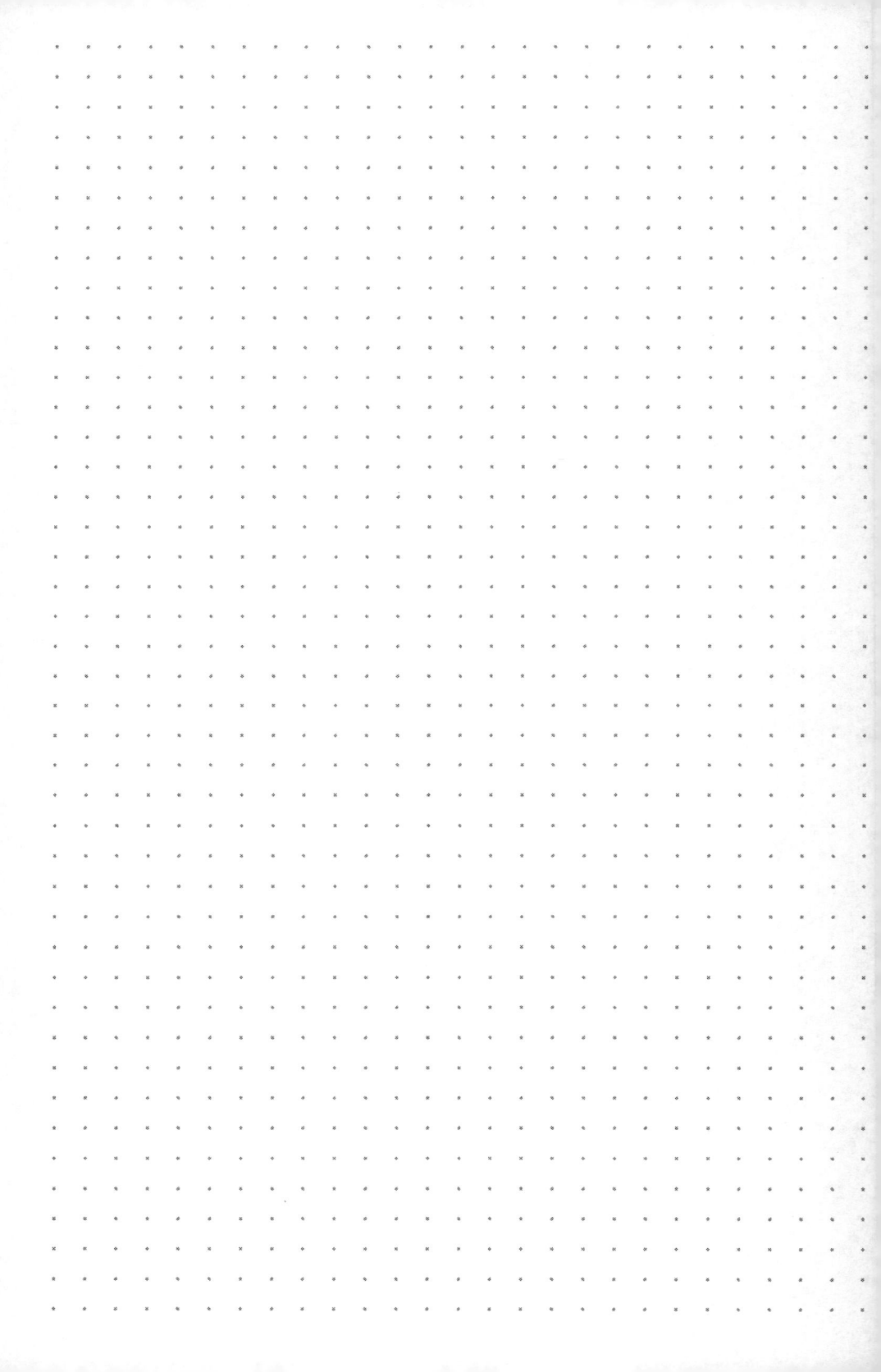

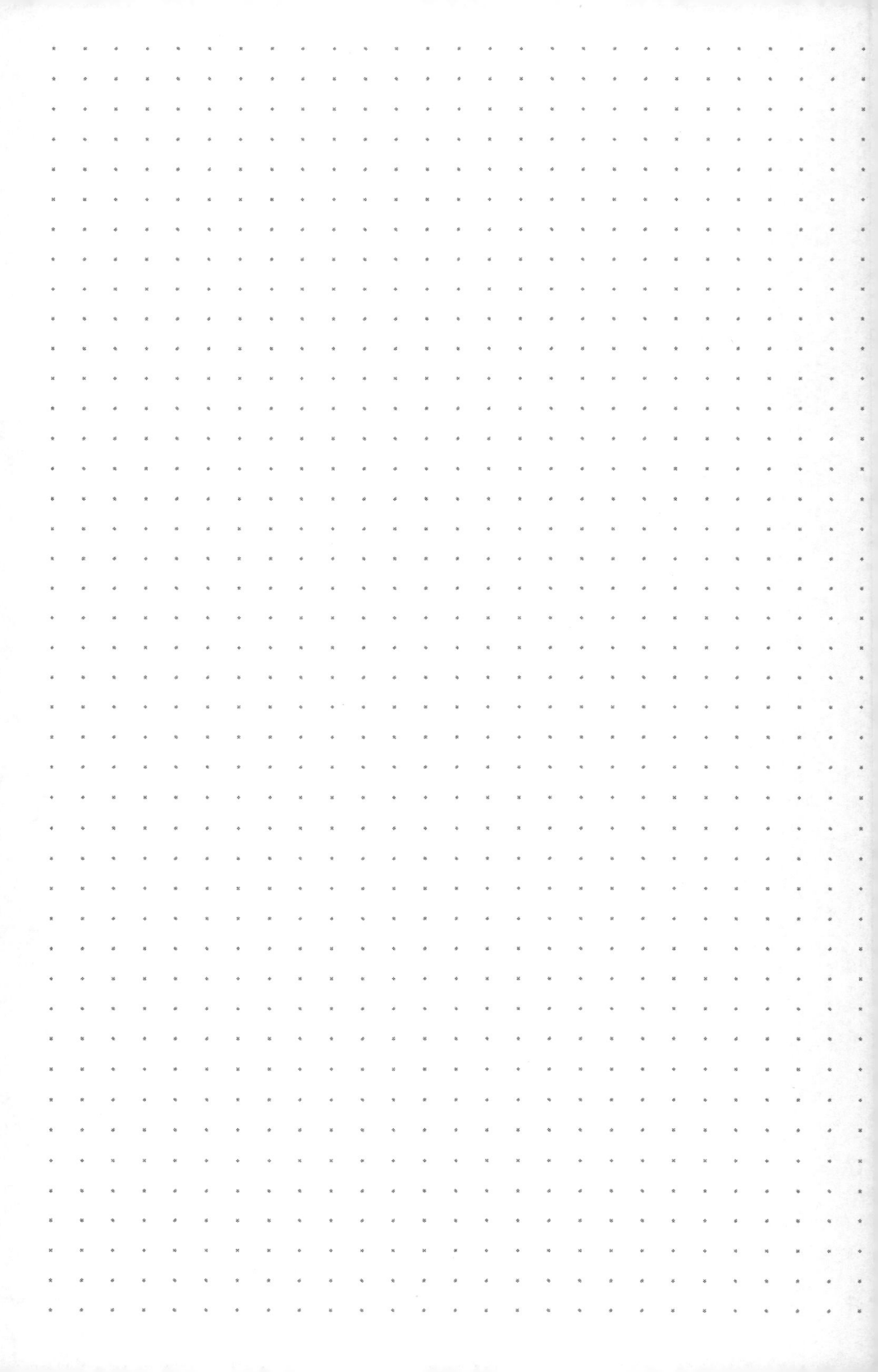

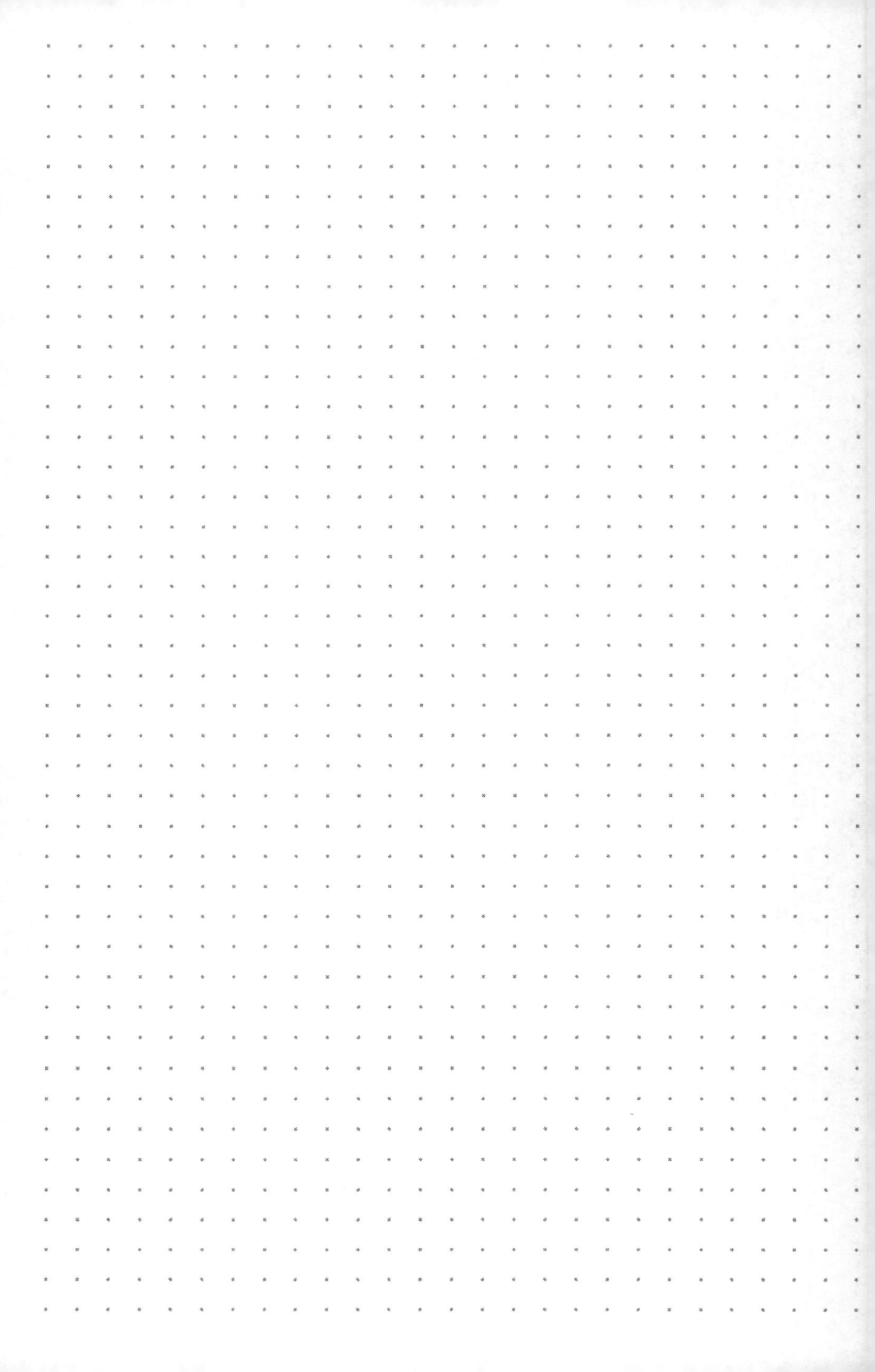

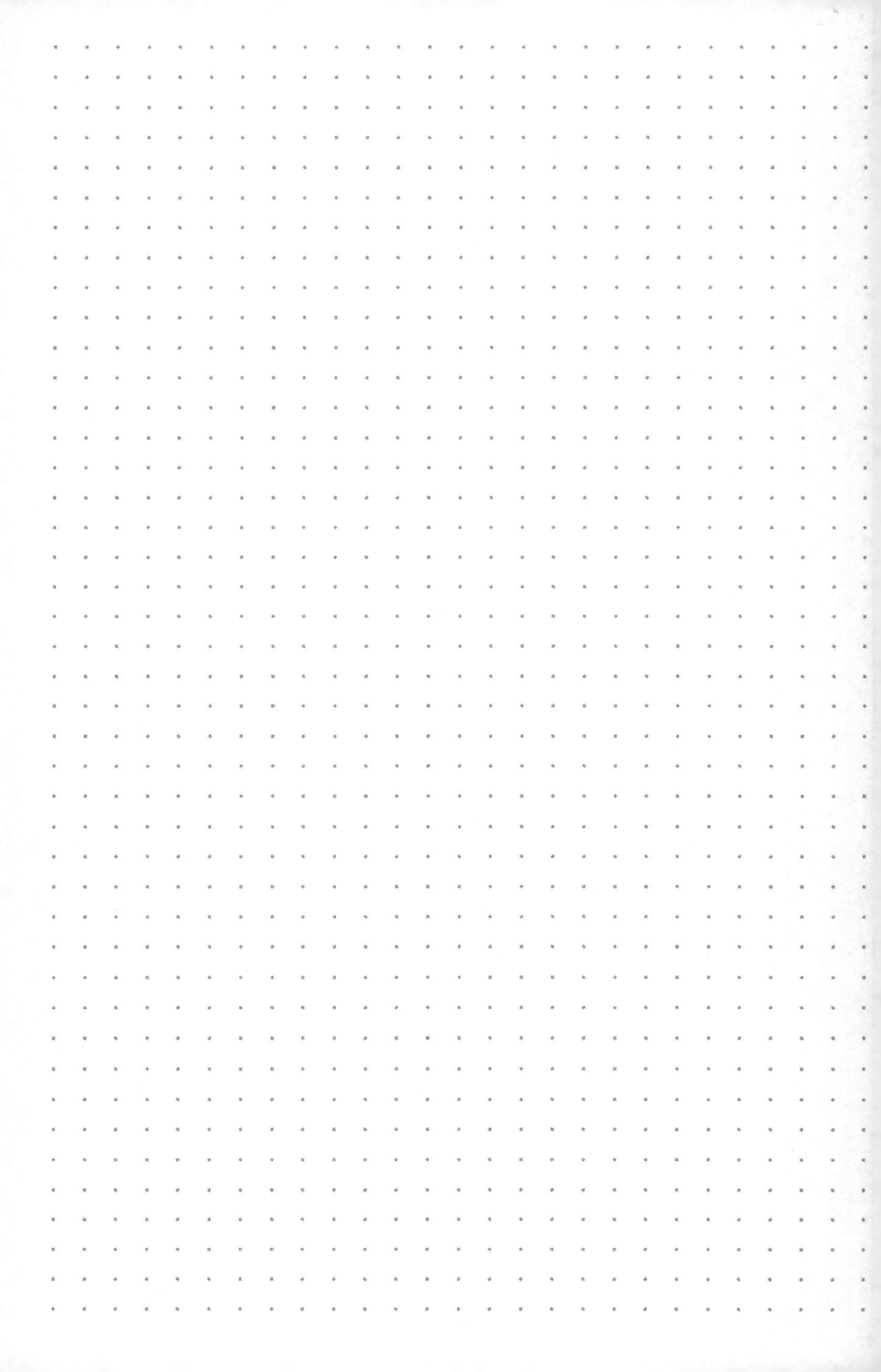

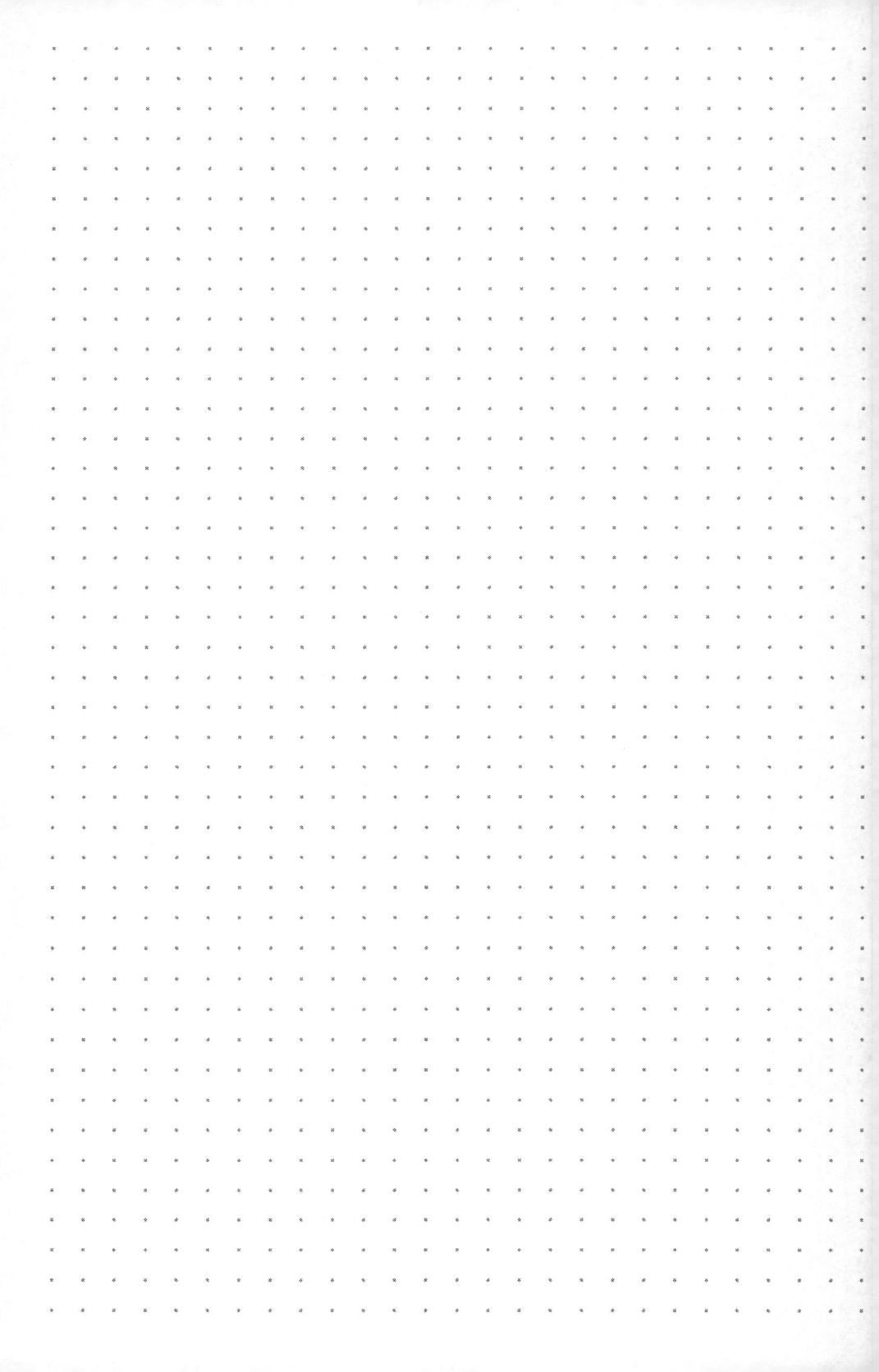

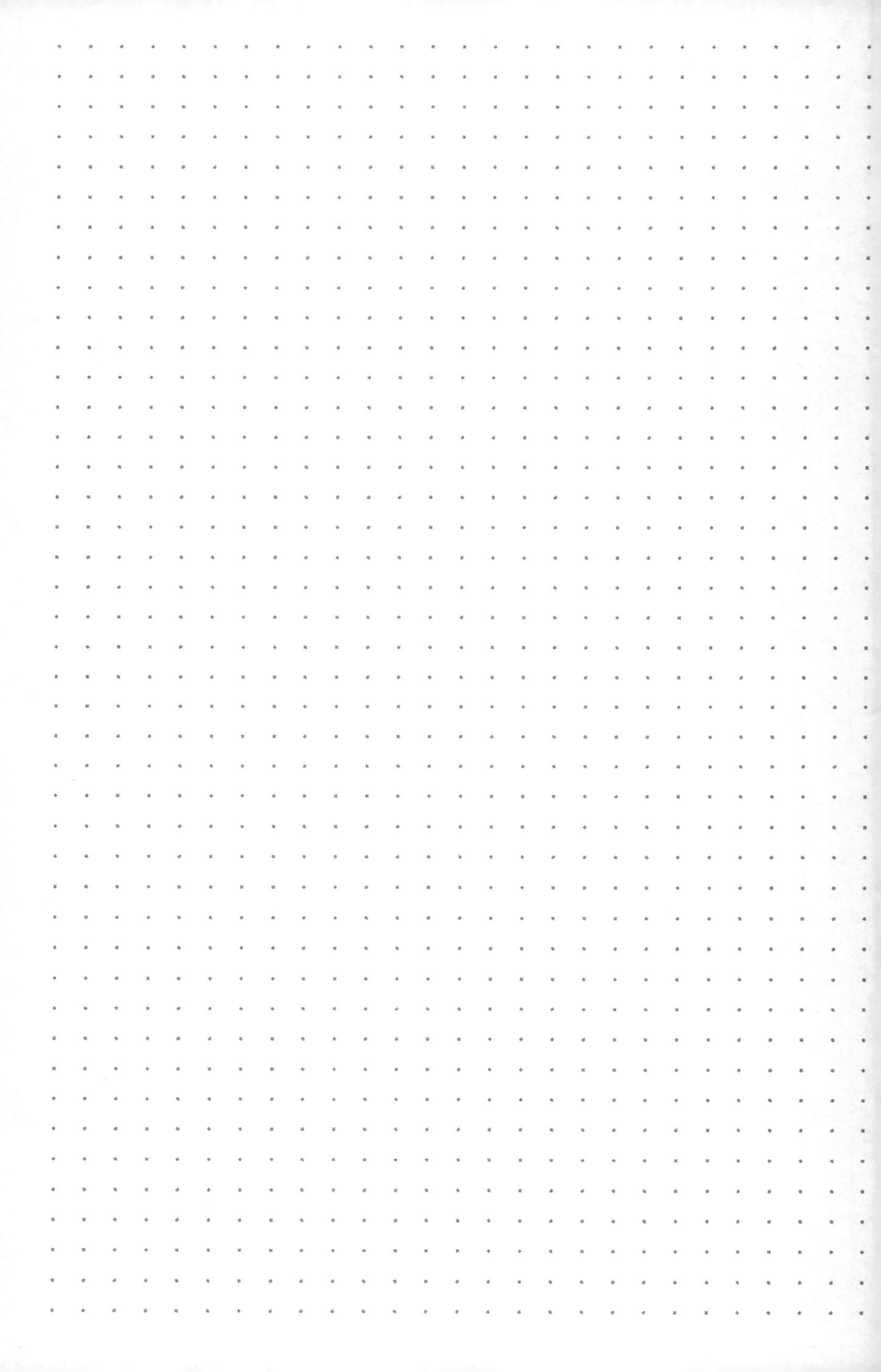

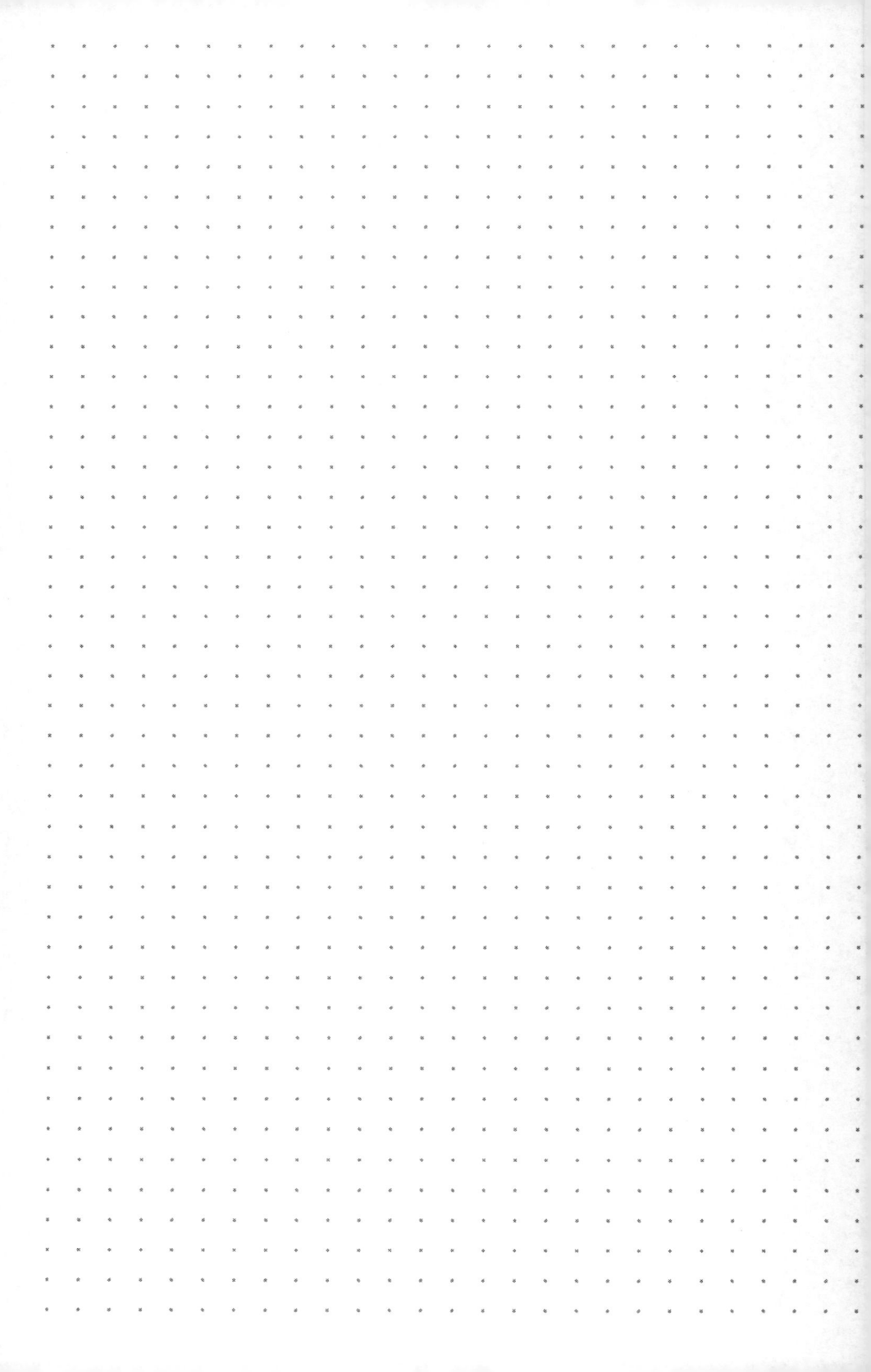

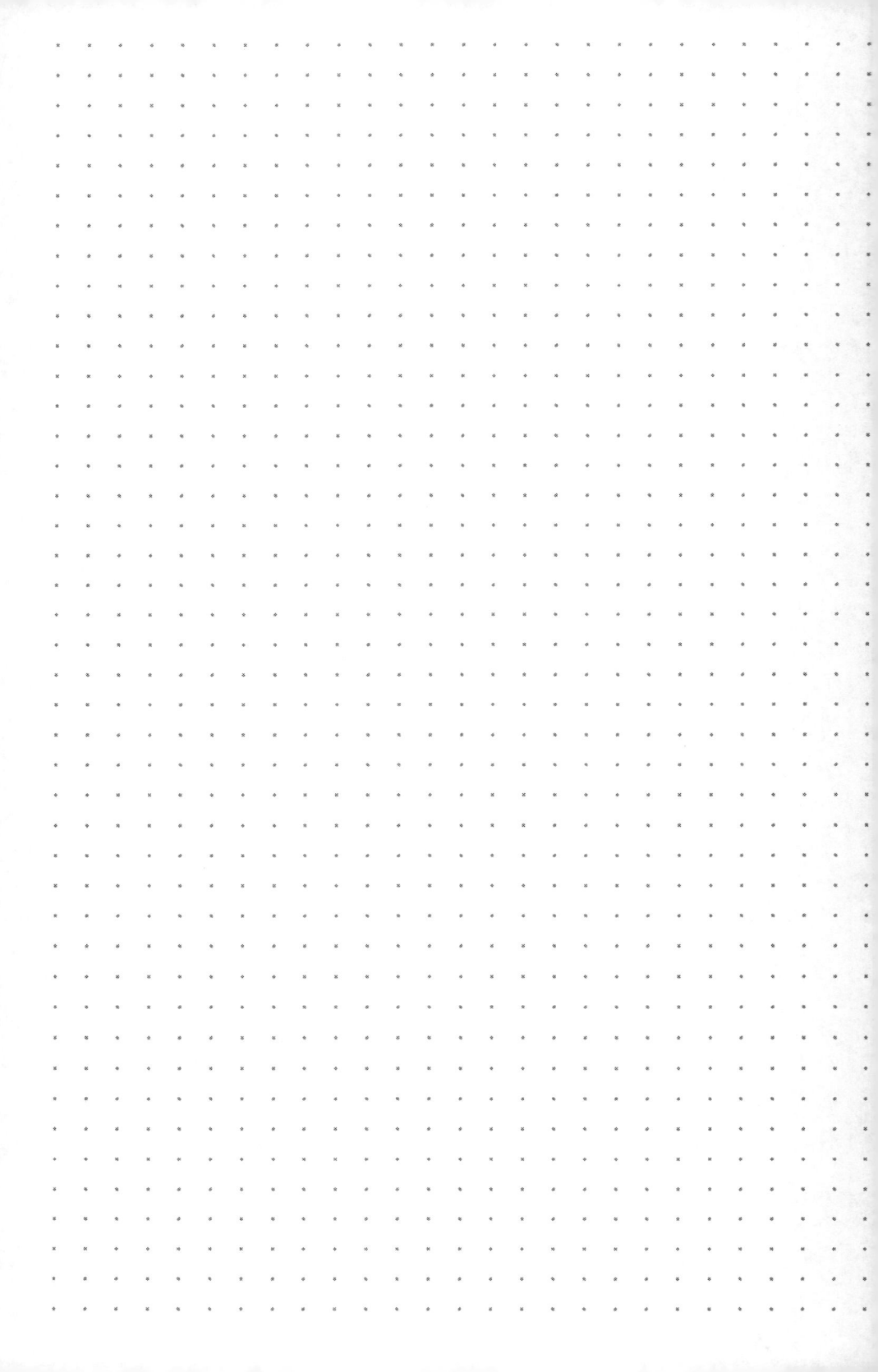

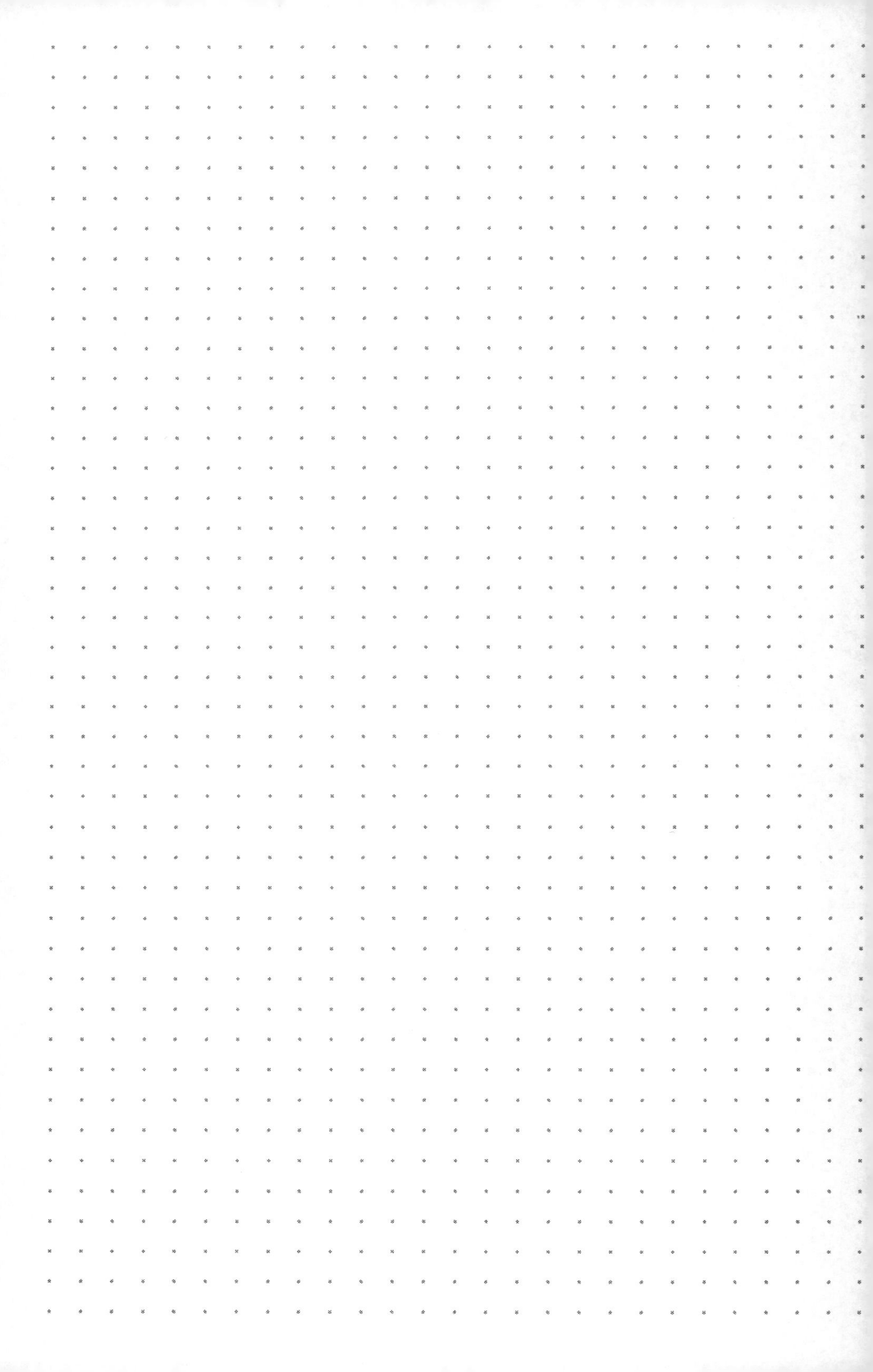

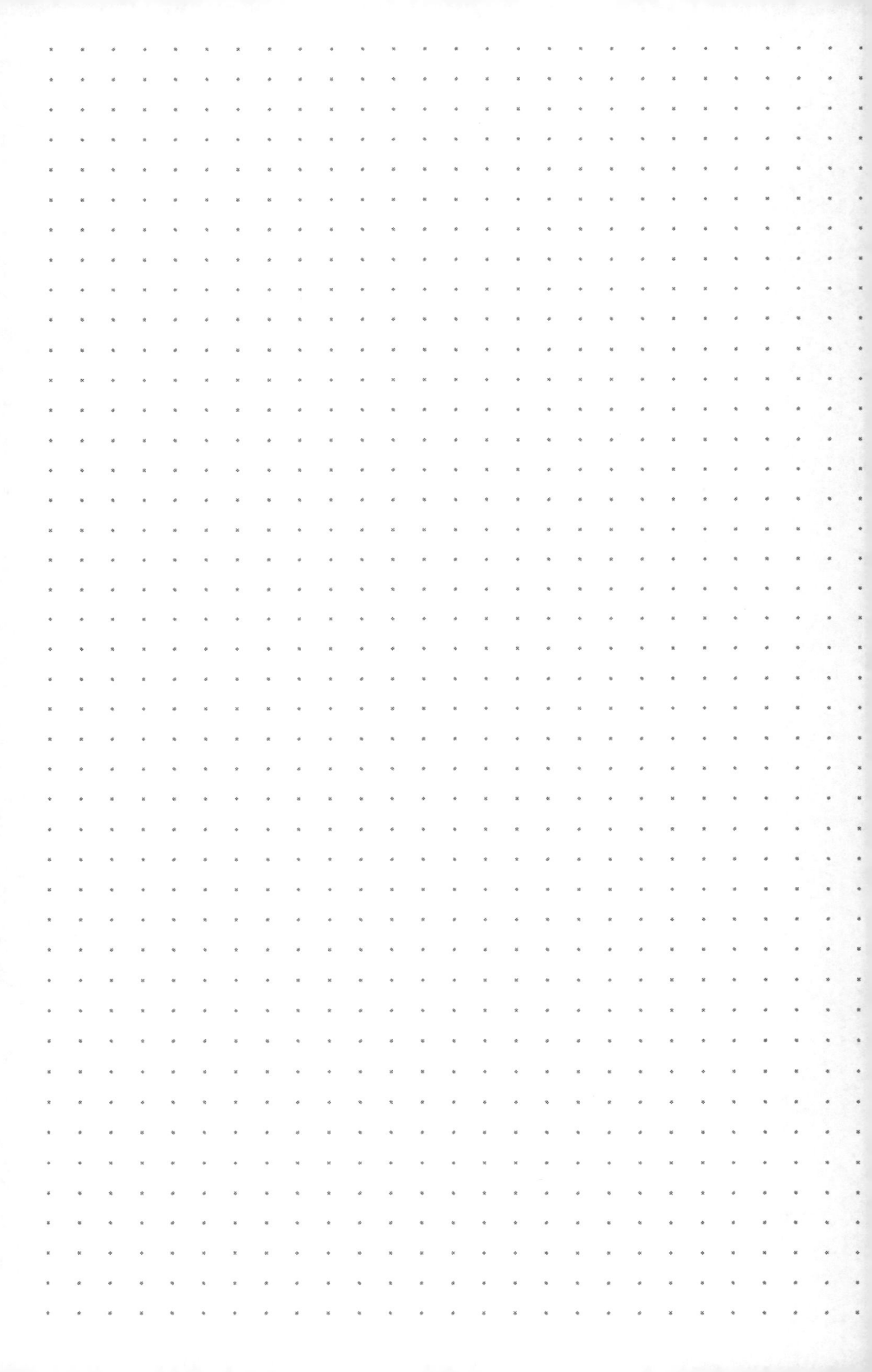

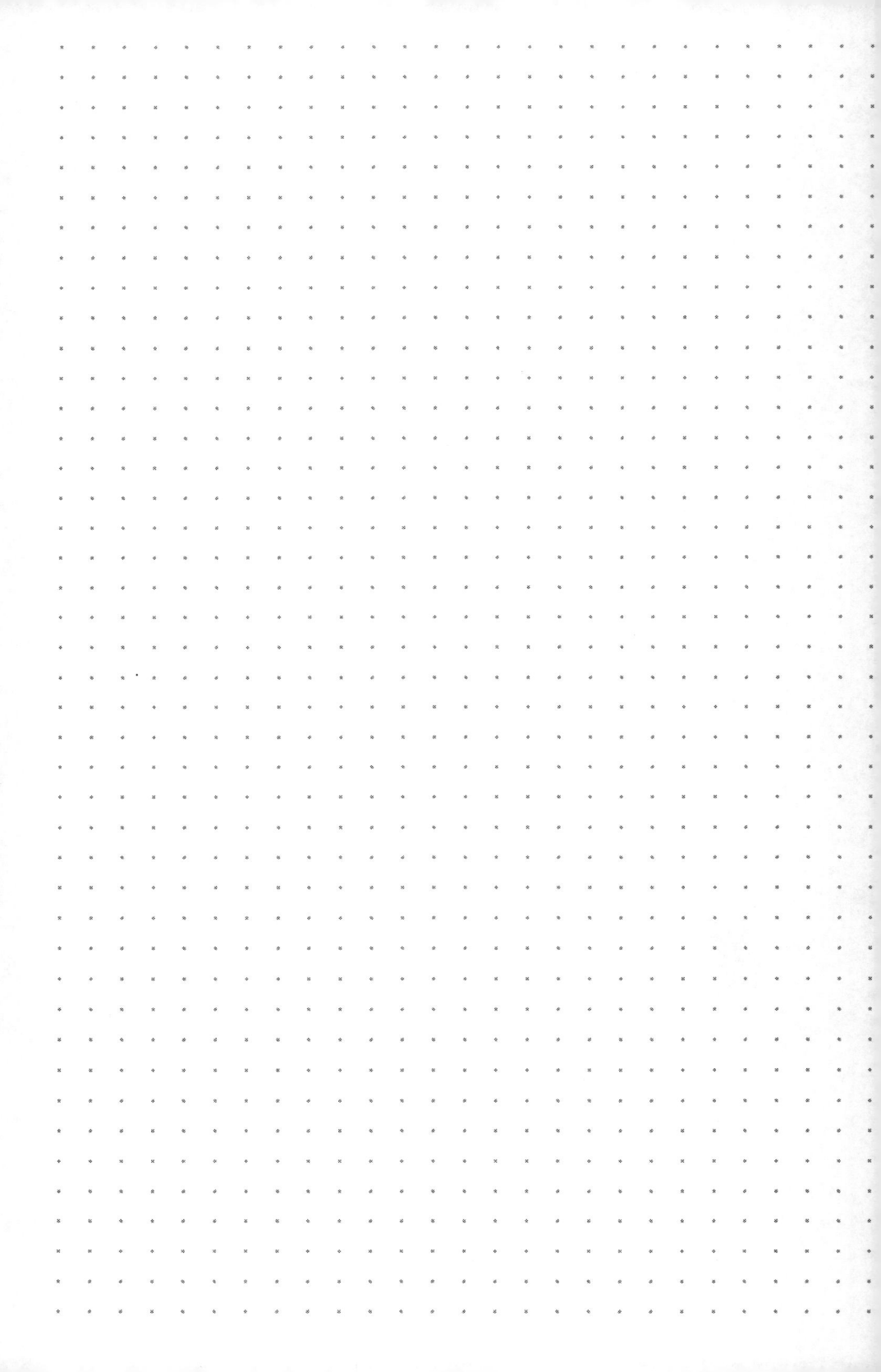

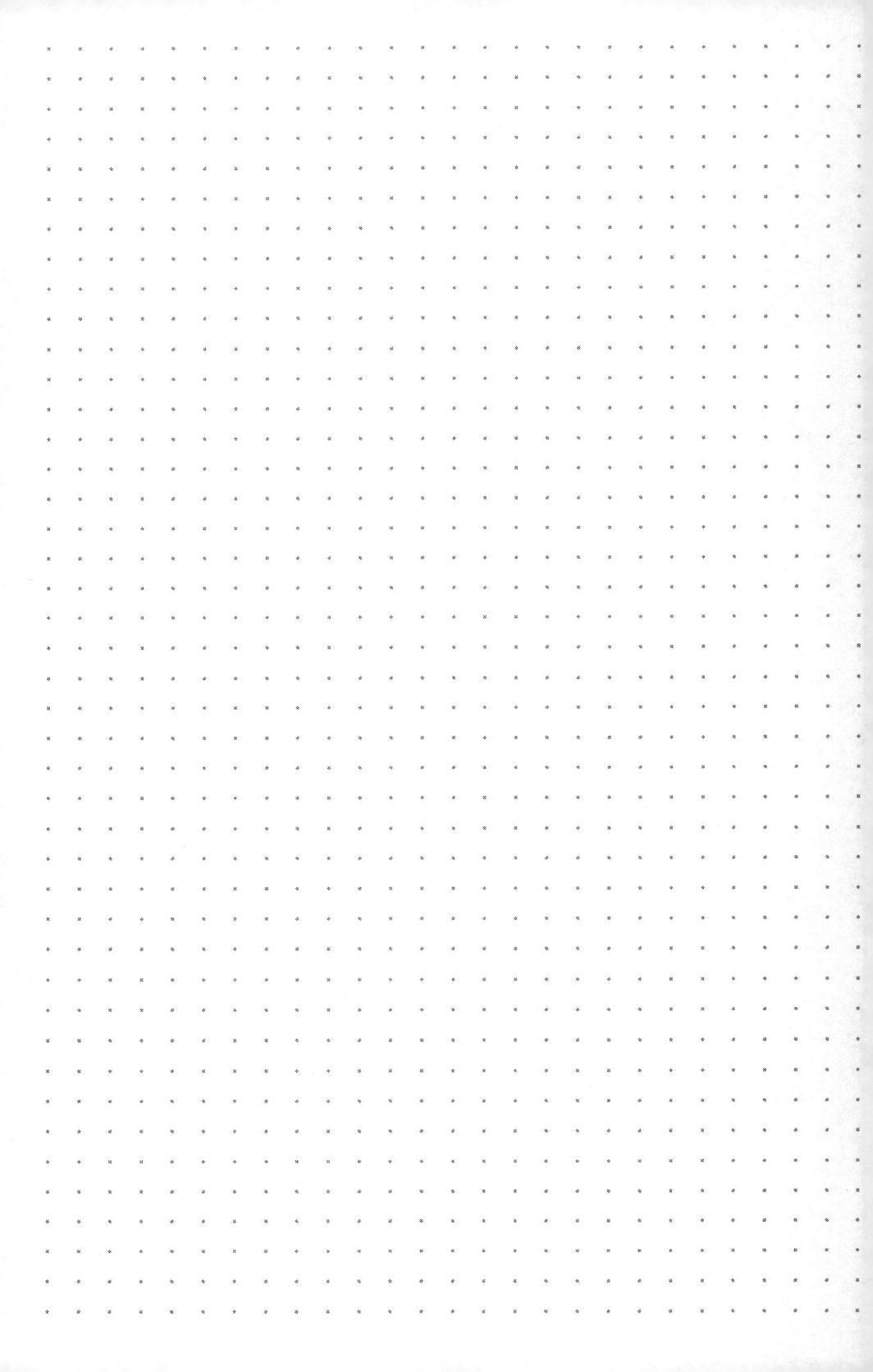

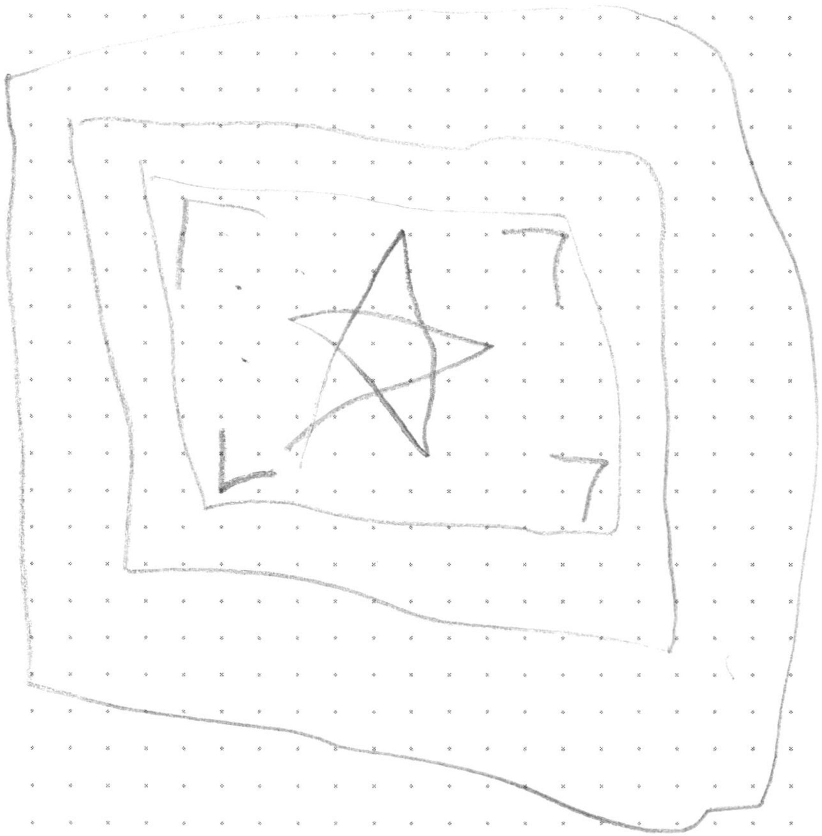

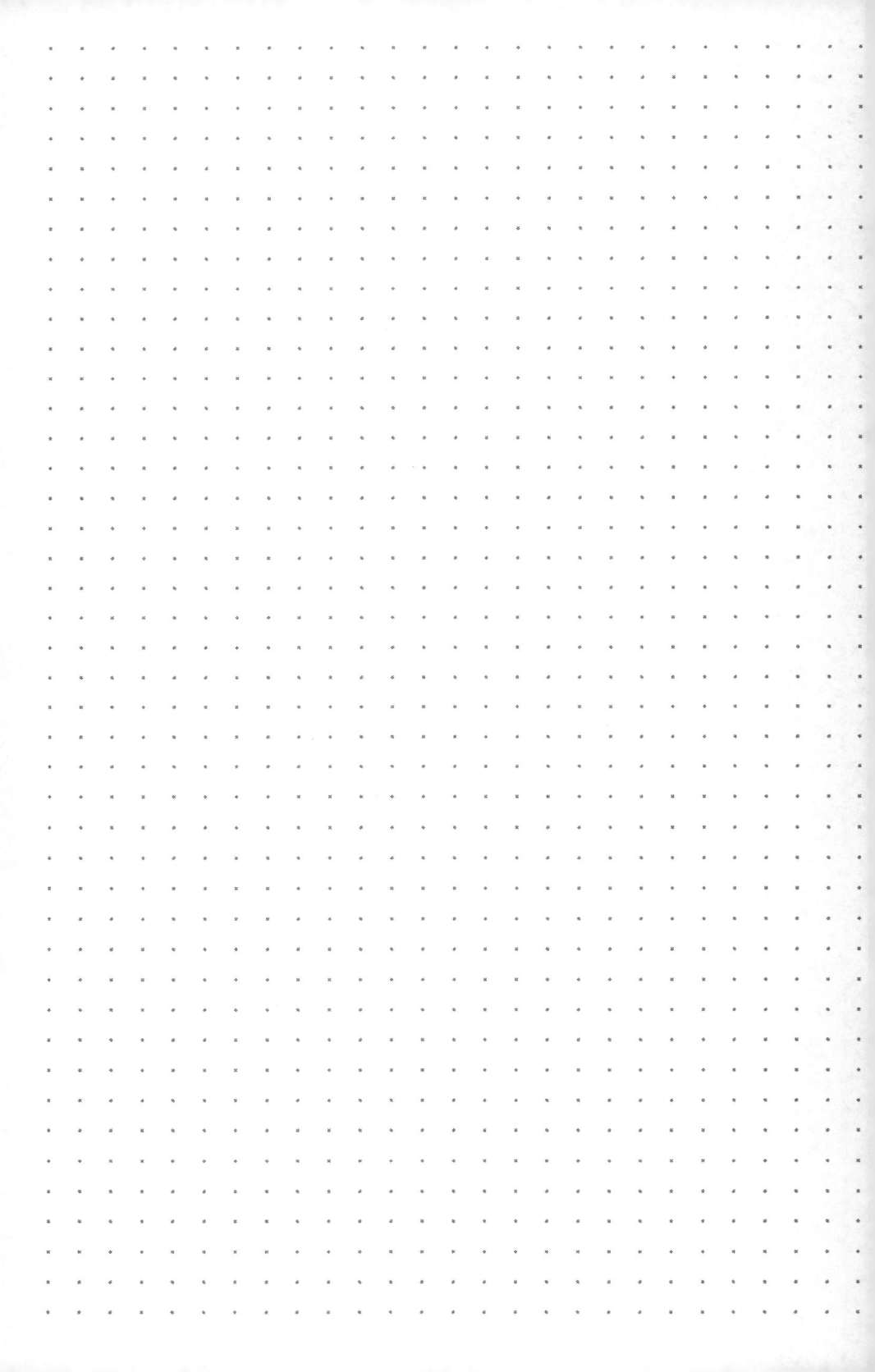

38009002R00069

Made in the USA
San Bernardino, CA
05 June 2019